はじめに

　地理の学習をする際に心がけてほしいことがあります。
　それは「いかに儲けるのか？」という視点を持つことです。
　この視点を身につけることで、中学受験の記述問題や考えさせる問題にも対応しやすくなります。

　南北に長い日本は、地域によって食べ物や文化、風習が異なります。私は旅行好きで、47都道府県すべて旅をしてきました。昔は「青春18きっぷ」という格安で電車に乗れるチケットを使って、最近では新幹線や飛行機を使って訪れた旅先でレンタカーを借りて。

　そうやって旅をする中で、どうして同じ日本で、こんなにも食べ物や風習が違うのだろう、と不思議に思いました。

　そして、その理由は人々の知恵や工夫にあるのだと気づかされました。寒さが厳しい秋田県の豪雪地帯であれば保存食を用意しないといけないので、きりたんぽがつくられてきました。
　一方、温暖な地域であればみかんやマンゴーなど気候にあった作物がつくられてきました。

　また、米づくりに向かない水はけのよい土地であれば、水をあまり必要としない作物がつくられます。たとえば、シラス台地が広がっている鹿児島県は、さつまいもの生産や、豚や牛などの畜産がさかんです。日本人の主食である米がつくりにくいという土地のハンデがあっても、それを補おうとしているのです。

そうやって、自分たちが住む自然条件を生かして生産性を高めようとしています。だから「いかに儲けるのか？」という視点で地理の勉強を行うと、ただ暗記するだけではなく、「なぜ、その土地でその作物をつくるのか」という理由とともに覚えることができます。

　そして、その視点は中学受験の記述問題を解くときにも役立つものです。「なぜ？」と問う問題で困ったら、「いかに儲けるのか？」視点で考えてみると、答えが浮かんできやすいのです。

　47都道府県の学習を通じて、人々の知恵や工夫を学んでもらいながら、受験に必要な知識を身につけてください。

　また、もし家族で旅行をすることがあったら、本書で学んだことを思い出してもらえると嬉しいです。「あ、あの伝統的工芸品の産地だな」とか、「この県はぶどうと桃の生産量が日本一だから、ぶどう狩りの農園が多いんだな」というように。

　そうやって、今までは何となく訪れていた場所をもっと楽しめるようになると、自然と日本の地理にも詳しくなれますよ。

　それでは、47都道府県の勉強を始めましょう。

中学受験専門塾ジーニアス

松本亘正

本書の使い方

　本書は、中学受験専門塾ジーニアスの授業を再現し、中学受験に合格するための「社会・地理【47都道府県編】」の力をつけてもらう本です。各地方の地理事情をわかりやすく理解できるのはもちろん、高校受験、大学受験を目指す中高生や、大人の学び直しとしても大いに役立ちます。

　かつては、福岡県北九州市などに広がっていた筑豊炭田や、福岡県南西部の三池炭鉱が有名でしたが、どちらも閉山しています。
　石炭を蒸し焼きにしたコークスは、鉄をつくるときに使います。

> 入試でよく出る**重要な箇所は太いゴシック文字**になっています。さらに、**覚えるべき用語は波線が引かれた赤文字**で表記しています。付属の赤シートを使って隠して読むことで、暗記に役立てることもできます。

難関中学の過去問トライ！

シラス台地の特徴として挙げられる「水はけがよい」とはどのようなことか、この台地がどのようにできたかに触れて説明しなさい。

(鷗友学園女子中)

解答例

シラス台地は火山の噴火によって積もった火山灰でできており、そのため土が乾きやすいということ。

> 本文中の要所要所に難関校の入試問題があります。すべて記述問題です。立ち止まって考えてみてから、その後の解説と解答例をしっかり確認しましょう。
> ※なお、入試問題の解答例につきましては、公表されたものではありません。

中学受験 「だから、そうなのか！」とガツンとわかる
合格する地理の授業 47都道府県編
もくじ

はじめに 1
本書の使い方 3

1章　九州地方

2つの政令指定都市がある福岡県 12
鉄鋼業がさかんな北九州...12／福岡市は九州唯一の百万都市...14
綿織物とゴム工業が有名な久留米市...14／福岡県は自動車工業も発展している...15
筑紫平野は稲作も小麦の生産もさかん...16

焼き物と言えば佐賀県 17
もっとも有名なのは有田焼...17／弥生時代にできた吉野ヶ里遺跡がある...18
のりの養殖量が全国1位...18

異国の窓口だった長崎県 19
造船業がさかんな長崎市と佐世保市...19
米軍基地と佐世保バーガーで有名な佐世保市...20／島原半島にある雲仙普賢岳...21
オランダや中国と活発に貿易していた長崎県...22／生産量が全国一、長崎県のびわ...22
入り組んだリアス海岸が広がっている...23

日本一の温泉県とも言われる大分県 23
大分県がほこる温泉は「別府」と「湯布院」...24
鉄鋼業と石油化学工業が発展している大分市...24
マグマ熱を利用する八丁原地熱発電所がある...25／大分県で代表的な半島・国東半島...26

くまモンで有名な熊本県 26
阿蘇山には世界最大級のカルデラがある...26／九州はIC工場が多いシリコンアイランド...27
熊本県はスイカとトマトで日本一の生産量をほこる...28
八代平野は二毛作と球磨川が有名...28

農業も畜産もさかんな宮崎県 29
鶏・豚・牛すべての飼育数が全国上位...29／延岡市は宮崎県の工業都市...30

畜産とさつまいもで有名な鹿児島県 31
火山なのに桜島がある、大隅半島...31
水はけのよいシラス台地は、さつまいもやお茶の生産向き...31
牧草地になるシラス台地は畜産もさかん...32

🔖 **難関中学の過去問トライ！**（鷗友学園女子中）…32
全国2週間分をまかなえるほどの巨大な石油備蓄基地…33
かつおの水揚げとうなぎの養殖でも有名…33／屋久島・種子島・奄美大島も鹿児島県…34

2章　中国・四国地方

ふぐ、セメント業の地・山口県 38
カルスト地形の秋吉台は石灰石が豊富…38／木造のアーチ橋、錦帯橋が美しい岩国市…39
松下村塾が開かれた萩市…39

出雲大社で名をはせる島根県 40
米の単作地、出雲平野…40／宍道湖は島根県最大の湖…40
「水の都」松江市と世界遺産の石見銀山…41

砂丘と言えば鳥取県 41
過疎化が進む山陰地方…42／同じ名前でも読み方が違う…境港…42
鳥取県の大山、別名は伯耆富士…42／鳥取砂丘で育ちやすい、らっきょう、スイカ、長いも…43
かつては生産量日本一。二十世紀なしは鳥取名産…44

かきの養殖と世界遺産で知られる地・広島県 44
日本三景・宮島と養殖量1位の広島かき…45／2つの世界遺産、厳島神社と原爆ドーム…45
🔖 **難関中学の過去問トライ！**（開成中）…45／三角州の上に発展した百万都市・広島市…46
自動車産業の府中町と、鉄鋼業と造船業の呉市…46
70kmサイクリングロードの瀬戸内しまなみ海道…47／熊野筆は広島県の伝統的工芸品…48

桃太郎が生まれた岡山県 48
鉄鋼業と石油化学工業で栄える倉敷市…48／岡山と言えば、桃・マスカット・後楽園…49
干拓地として有名な児島湾…50／瀬戸大橋がかかっているのは岡山県と香川県…50

「うどん県」として知られる香川県 51
讃岐平野の小麦から生まれた讃岐うどん…51
降水量が少ないから生まれた香川用水・塩田…51／オリーブの産地として名高い小豆島…52
造船業の坂出市、うちわの丸亀市…53

工業より、農業・漁業がさかんな高知県 54
高知平野はビニールハウスの促成栽培がさかん…54
土佐和紙で有名な仁淀川…55／四国で一番長い四万十川…55

小説や映画の舞台「道後温泉」を有する愛媛県 56
果物の栽培や海産物の養殖がさかんな愛媛県…56

阿波踊りとうずしおで名高い、徳島県 57
全国的に知られる阿波踊り…58

5

3章　近畿地方

天下の台所こと大阪府 ……………………………………………… 62
経済の中心地「天下の台所」大阪府 …62／昔は貿易港として発展した堺市 …62
24時間離着陸できる関西国際空港 …63／電気機器の生産がさかんな門真市 …63
県によって呼び名が変わる淀川 …64

日本の標準時子午線が通っている兵庫県 …………………………… 64
兵庫県の中央にある生野銀山 …65／世界遺産の姫路城がある姫路市 …65
兵庫県の自然と農業 …66／東経135°の明石市 …66
世界最長のつり橋・明石海峡大橋 …67／造船業がさかんな県庁所在地・神戸市 …68
1995年の悲劇、阪神・淡路大震災 …68

歴史と伝統のおもむきがある古都・京都府 ………………………… 69
日本三景にも選ばれた天橋立 …69／京都府には有名なお寺が数多くある …70
京都府の伝統的工芸品「清水焼」「京友禅」「西陣織」…71
十円玉にも描いてある、宇治市の平等院鳳凰堂 …71

海はなくても日本で一番広い湖がある滋賀県 ……………………… 72
滋賀県の6分の1の面積を占める琵琶湖 …72／信楽焼は甲賀市の名産品 …73

「日本のはじまりの地」奈良県 ……………………………………… 74
東大寺の大仏がある県庁所在地・奈良市 …74
金魚の養殖がさかんな大和郡山市 …74／紀伊山地の吉野すぎは人工三大美林 …75

伊勢神宮と鈴鹿サーキットで有名な三重県 ………………………… 75
四日市市は公害病も起こった石油化学工業の街 …76
自動車の生産と鈴鹿サーキットで知られる鈴鹿市 …76
県庁所在地がある津市、松阪牛の松阪市 …76
日本の神社のトップ、志摩半島にある伊勢神宮 …77／真珠で有名な英虞湾 …77
年間で4000mmも雨が降る、尾鷲市 …78／日本の三大美林はこれ！…79
🖊 難関中学の過去問トライ！（渋谷教育学園幕張）…79

豊かな自然に囲まれた和歌山県 ……………………………………… 80
和歌山県を代表する3つの川（紀の川・有田川・熊野川）…81
製材業がさかんで、川の河口に位置する新宮市 …81／本州最南端・串本町の潮岬 …82
「ナショナル・トラスト」に力を入れる天神崎 …82

4章　中部地方

世界三大恐竜博物館の1つがある福井県 …………………………… 86
原子力発電が多い若狭湾 …86／福井県の旧国名「越前」がつく2つの名産品 …86

6

伝統的工芸品の宝庫、石川県 87

能登半島は伝統的工芸品の輪島塗りが有名 ...87
北陸新幹線の終点・金沢市 ...89／金沢市の伝統的工芸品、九谷焼と加賀友禅 ...89

黒部ダムや五箇山がある富山県 90

「越中富山の薬売り」で有名な富山市 ...90／神通川でイタイイタイ病が発生 ...91
水力発電と原子力発電がさかんな中部地方 ...92／富山県はチューリップと銅器が名産 ...93
世界遺産の合掌造りが有名な白川郷 ...93

米どころの新潟県 94

新潟水俣病が発生した阿賀野川 ...94／暗きょ排水で米どころになった越後平野 ...94
洋食器の燕市、刃物の三条市 ...95／世界最大級の発電ができる柏崎刈羽原子力発電所 ...95
トキで有名な佐渡島 ...95／大きな溝を意味する地形「フォッサマグナ」...96
新潟県の伝統的工芸品「小千谷ちぢみ」と「十日町がすり」...97

山や川、自然に囲まれた岐阜県 97

多治見市は陶磁器の街 ...97／揖斐川・長良川・木曽川の３つが木曽三川 ...98

モーニングと自動車工業が有名な愛知県 99

豊田と言えば自動車工業の企業城下町 ...99／西の知多半島、東の渥美半島 ...100
知っておきたい電照菊のこと ...101／愛知県の名産はキャベツ、メロン ...102
愛知県の３つの用水路 ...103／愛知県はよう業の生産額が日本一 ...103

ぶどう・桃が名産の山梨県 104

扇状地がある甲府盆地 ...104／山梨は、ぶどうと桃が生産量１位！...104
富士山は山梨と静岡県の県境にある ...105

お茶の生産量が日本一の静岡県 106

富士市は製紙・パルプ業がさかん ...106／オートバイの輸出が多い清水港 ...107
お茶の生産量が日本一の牧之原 ...107／停止中の浜岡原発 ...108
楽器やオートバイが有名な浜松市 ...108／うなぎと言えば浜名湖 ...108

有名な善光寺がある長野県 109

精密機械工業で栄えていた岡谷市、諏訪市 ...109／りんごとぶどうの生産量が２位 ...110
長野市は善光寺の門前町として発展した街 ...110／長野県と群馬県の県境にある浅間山 ...111

5章　関東地方

政治・経済・文化の中心地である東京都 114

印刷業が発達した、政治・経済・文化の中心地 ...114
都心に起きているドーナツ化現象 ...115／国際空港になった羽田空港（東京国際空港）...116

全国で唯一、政令指定都市が３つある神奈川県 117

神奈川県の３つの政令指定都市 ...117／自動車工業と造船業が多い横須賀市 ...118

小田原市はかまぼこが有名 ...118
三浦だいこんが有名な神奈川県の近郊農業 ...119

近郊農業や化学工業がさかんな千葉県 ...120

安房国・上総国・下総国からできた房総半島 ...120
ねぎ、ほうれんそう、らっかせいなどの近郊農業がさかん ...121
京葉工業地域では化学工業がさかん ...121
千葉県と神奈川県を結ぶ、東京湾アクアライン ...122
✎ 難関中学の過去問トライ！（東洋英和女学院）...123
野田市、銚子市はしょうゆの生産が有名 ...124／国際線で使われる成田国際空港 ...124

はくさい・ピーマン・メロンの生産量が日本一の茨城県 ...125

鹿嶋市と鹿島臨海工業地帯 ...125／日本三名園の1つ、偕楽園がある水戸市 ...126
日本初の原子力発電所ができた東海村 ...126

都心のベッドタウン・埼玉県 ...128

昼間に人が少ない埼玉県 ...128／セメント業が有名な秩父市 ...129

「とちおとめ」や日光東照宮で知られる栃木県 ...129

世界遺産の日光東照宮がある日光市 ...130／足尾銅山鉱毒事件で知られる渡良瀬川 ...130
生産量が日本一のかんぴょうといちご ...131

世界遺産の富岡製糸場やこんにゃくいもで有名な群馬県 ...131

関東内陸工業地域の重要都市、太田市 ...132／富岡製糸場は世界文化遺産 ...132
高冷地農業が行われている嬬恋村 ...133／こんにゃくいもが有名な下仁田町 ...134

6章　東北地方

りんごの生産量が日本一の青森県 ...138

ねぶた祭りで有名な青森市 ...138／津軽半島はりんごの生産量日本一 ...138
核燃料再処理施設がある下北半島 ...139／大間のまぐろと陸奥湾のほたてが有名 ...140
ぶなの原生林、世界遺産の白神山地がある ...141

「あきたこまち」、竿燈で有名な秋田県 ...142

大館曲げわっぱが有名 ...142／東北の三大祭り、竿燈が行われる秋田市 ...143
稲作がさかんな秋田平野 ...143／北緯と東経のものさし、大潟村 ...144

南部鉄器やわかめが有名な岩手県 ...146

奥羽山脈には地熱発電所がある ...146／平野が少ないので稲作より酪農がさかん ...146
南部鉄器が有名な盛岡市 ...147／東日本大震災では津波の被害が多かった ...148
わかめの養殖が行われている三陸海岸 ...148

「おうとう」や花笠まつりが有名な山形県 ...149

米の積み出し港として栄えていた酒田市 ...149／日本三大急流の最上川 ...149

🖊 **難関中学の過去問トライ！**（麻布中）…150

伝統的工芸品の将棋駒で知られる天童市…152／山形県の祭りと言えば花笠まつり…152

東北最大の仙台平野をもつ宮城県 ……………………………………… 153

仙台市は東北唯一の政令指定都市…153／東北最大の平野、仙台平野…154
東日本大震災で津波被害が発生した石巻港…155／日本三景の1つである松島…155

東北地方最大の猪苗代湖が有名な福島県 ………………………… 156

福島県は地域によって3つに分けられている…156／福島第一原子力発電所がある浜通り…157
郡山盆地・福島盆地のある中通り…157／東北地方最大の湖・猪苗代湖のある会津地方…157

7章　北海道・沖縄県

小麦の生産、乳牛・肉牛の飼育頭数が全国一の北海道 ……………… 162

百万都市であり、政令指定都市でもある札幌市…162
札幌の家は、二重窓など気候に対応した工夫がある…163
🖊 **難関中学の過去問トライ！**（学習院女子中）…163
五稜郭のある函館市…164
室蘭市は鉄鋼業、苫小牧市は製紙・パルプ業がさかん…164
釧路湿原で有名な釧路市…165／北海道は米の生産量が全国第2位…165
北海道は乳牛・肉牛の飼育頭数が全国第1位…166
酪農を発展させた根釧台地のパイロットファーム…168
北海道は、たまねぎ・にんじん・かぼちゃの生産量が日本一…168
北海道は小麦・大豆の生産量が全国1位…169
サロマ湖のほたて貝、世界自然遺産の知床も有名…170／日本の最北端、北方領土…170

さとうきびやパイナップルの生産で有名な沖縄県 …………………… 171

世界遺産に登録された首里城が有名…171／太平洋戦争で地上戦が行われた沖縄県…172
沖縄県が日本に返還されたのは1972年…172／沖縄県は稲作には向かない地…173
🖊 **難関中学の過去問トライ！**（駒場東邦中）…173
沖縄県は降水量が多くても、水不足になりやすい…174
暖かい気候を生かした作物をつくる沖縄県…175
日本の最西端・与那国島は沖縄県にある…176／沖縄県はエイサーが有名…176

編集協力：星野友絵（silas consulting）
イラスト：吉村堂（アスラン編集スタジオ）
装丁：井上新八
本文デザイン・DTP：伊延あづさ・佐藤純（アスラン編集スタジオ）

1章　九州地方

　第1章では、九州地方を取り上げます。北部にはなだらかな筑紫山地が、南部にはけわしい九州山地があります。

　「九州で一番高い山はどこでしょう？」というクイズを出すと、多くの生徒が間違えてしまいます。よく返ってくる答えは「桜島」「阿蘇山」です。確かに有名な山ですが、正解は「宮之浦岳」。
　「えっ、それどこにあるの？」と思うかもしれませんが、その場所は鹿児島県の屋久島にあります。

　南部に位置する鹿児島県や宮崎県は、とくに夏の降水量が多いのが特徴です。台風も毎年のように直撃し、学校が休みになることも多くあります。
　学校が休みになった日、自分のいた場所が、すっぽりと台風の目の中に入ってしまったことがありました。鹿児島の中学校で寮生活をしていた私は、友達とコンビニに買い物に行きました。まるで映画『天気の子』に出てくるように晴れていたのですが、帰る頃には急に風が強くなり、雨雲が急接近。寮の先生にはもちろん厳しく叱られましたし、危険なので二度とやらないようにと誓ったものです…。

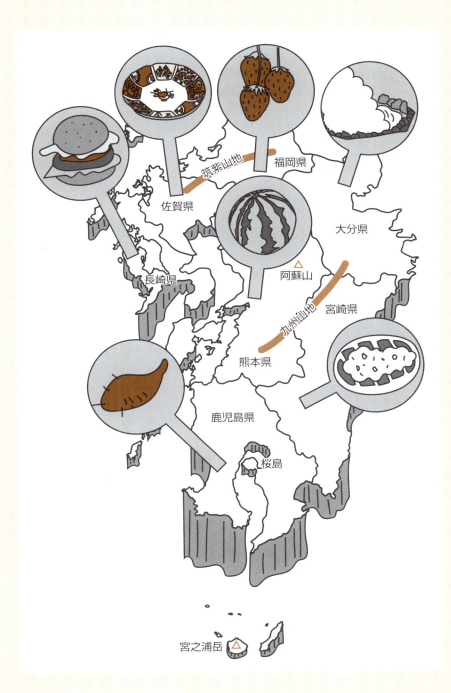

2つの政令指定都市がある福岡県

福岡県の豆知識
九州でもっとも人口が多い福岡県。とんこつスープの博多ラーメンや、辛子めんたいこでも有名ですね。

鉄鋼業がさかんな北九州

福岡県には、2つの**政令指定都市**があります。「何それ？」と思いますよね。これは「政令（内閣の命令）で指定された人口50万人以上の都市」のことで、普通の市町村と比べると権限（決められる力）が強くなっているのです。

福岡県にある2つの政令指定都市は、福岡市と北九州市です。

まず、北部にあり、**関門海峡**に面している北九州市から説明していきましょう。**北九州市**は**鉄鋼業**がさかんな都市です。2015年に世界遺産に登録された**八幡製鉄所**は、1901年に操業が開始されました。鉄をつくるための工場です。なぜ、この場所になったのか。それにはいくつかの理由があります。

▲北九州市の八幡製鉄所

まず、原料が輸入しやすいということ。
1つ目は鉄鉱石です。現在は**オーストラリア**からもっとも多く輸入していますが、八幡製鉄所が完成した頃は、どこからの輸入が多かっ

たと思いますか？ わざわざ北九州にした理由を考えてみると予想できそうですが、答えは中国です。近いから輸入に適していたということですね。

次に石炭です。これも**現在は**<u>オーストラリア</u>**からの輸入が第１位**ですよね。でも、日本はかなりの量の石炭を自給していました。1960年の自給率は、なんと86％もあったのです。ところが今やほぼ０％。

かつては、**福岡県北九州市などに広がっていた**<u>筑豊炭田</u>や、福岡県南西部の<u>三池炭鉱</u>が有名でしたが、どちらも閉山しています。
　石炭を蒸し焼きにした<u>コークス</u>は、鉄をつくるときに使います。

　３つ目の原料は、日本国内で自給できる<u>石灰石</u>です。**福岡県でもとれますし、山口県の**<u>カルスト地形</u>**で有名な**<u>秋吉台</u>あたりで多く採取できます。

▲北九州市は原料確保に適していた

　原料が近くでとれたり、輸入しやすかったりという理由から、北九州市に製鉄所がつくられていました。
　原料の確保に適していた北九州市の鉄鋼業ですが、現在はそれほどさかんではありません。そもそも石炭や鉄鉱石の輸入先も変わりました。そのうえ、工業が発達して、さらに鉄が必要とされるようになった中部・関東地方で生産したほうが効率的だからです。

福岡市は九州唯一の百万都市

　福岡市についても解説しましょう。**福岡市は政令指定都市**というだけでなく、**九州唯一の百万都市**です。人口が増え続けて、近年では150万人以上の人々が暮らしています。

　山陽新幹線や九州新幹線の駅があるのは<u>博多駅</u>です。福岡市なのに中心的な駅が博多駅というのがまぎらわしいですね。市の名前を決めるとき、福岡市にするか、博多市にするかで、ひと悶着あったと言います。「福岡」と呼ばれていた地域出身の人は福岡市に、「博多」と呼ばれていた地域出身の人は博多市にしたい。

九州唯一の百万都市・福岡市は、博多市も名称候補だったんだね

　そこで、議会で多数決をとったところ、同じ票数に…。最終的に議長が決めることになったのですが、その議長が「福岡」出身だったため、福岡市になったそうです。

　でも、博多という言葉もよく使われていますね。「博多どんたく」というゴールデンウイークに開催されるお祭りや、伝統的工芸品の博多人形、博多織などがあります。

綿織物とゴム工業が有名な久留米市

　福岡県でもう1つ覚えておきたいのは、<u>久留米市</u>です。**久留米**と言

えば、**久留米がすり**という綿織物が有名です。**ゴム**の生産でも知られています。

福岡県

たとえば、ゴムを使ったものには、タイヤや輪ゴムなど、いろいろありますね。じつは久留米には、ブリヂストンという会社があることも有名です。創業者は石橋さん。英語にすると、石はストーン、橋はブリッジ。ブリッジ、ストーンをつなげてブリヂストン。創業者の名前が社名の由来だったのです。

福岡県は自動車工業も発展している

余裕があれば覚えておいてほしい都市も、紹介します。
北九州市の南には、苅田町という町があります。**苅田町では自動車工業がさかんで、日産自動車やトヨタ自動車の工場も設置**されています。

もう1つ、福岡県で自動車工業が発展している市は、内陸にある宮若市というところです。ここには、トヨタ自動車の工場があります。

このように、福岡県が自動車工業でもにぎわっているということは、頭に入れておいてもいいでしょう。

近年は、アジア向けの自動車工場が九州に増えていることから、九州のことをカーアイランドと呼ぶこともあります。

筑紫平野は稲作も小麦の生産もさかん

続いて川や平野、農業を見ていきましょう。

福岡県と佐賀県との県境を流れて、有明海に注ぐのは筑後川です。福岡県と佐賀県に広がっているのは筑紫平野です。同じ「筑」という漢字を使っていますが、川は「ちくご」、平野は「つくし」。読み方を間違えないように気をつけましょう。

筑紫平野は「九州の穀倉地帯」と呼ばれることがあります。稲作もさかんですし、小麦の生産も行われています。小麦の生産量は北海道がダントツ1位ですが、福岡県や佐賀県も上位に食い込んでいます。

春から夏は米、秋から冬は小麦といったように、1年に2つの作物を栽培する二毛作が行われているのです。

筑紫平野と言えば、かつて**クリーク**と呼ばれる網の目のような水路がたくさん見られましたが、現在は用水路も発達したので減ってきています。

網の目のようなクリーク

最後に紹介しておきたいのは、「あまおう」です。「あまい、まるい、おおきい、うまい」の意味を持つ**いちご**のブランドです。福岡県は、栃木県に次いでいちごの生産量が2位となっています。できれば覚えましょう。

焼き物と言えば 佐賀県

佐賀県の豆知識

佐賀県で陶磁器の生産がさかんになったのは、今から400年以上前の、豊臣秀吉による朝鮮出兵と関連しています。当時、朝鮮半島から連れて来られた職人によって、生産技術がぐっと上がったのです。このことから、朝鮮出兵は「焼き物戦争」と呼ばれることもあります。

もっとも有名なのは有田焼

佐賀県では、数多くの**陶磁器**が生産されています。どれも覚えておいてほしい都市です。**北から順に、唐津市、伊万里市、有田町**。有田だけは町なので、気をつけてください。

現在は、**有田焼**が一番有名ですね。毎年ゴールデンウイークに開催される有田陶器市には、約百万人もの人が訪れます。

▲佐賀県の有田焼

江戸時代には、有田焼は伊万里港から輸出されることが多かったので、「IMARI」と呼ばれていたそうですが、明治時代に入ってからは、有田町で焼かれたものは有田焼、伊万里市で焼かれたものを伊万里焼と呼ぶようになりました。

他には、近年発展の著しい都市として、鳥栖市があります。**鳥栖市は県内では東に位置しており、九州の陸上交通の要所**になっています。九州の南北、東西をそれぞれ結ぶ道路が交わり、また建設が進められている九州新幹線の西九州ルート（長崎ルート）との分岐駅にもなっています。

佐賀県

弥生時代にできた吉野ヶ里遺跡がある

佐賀県の主要な都市はこれくらいですが、**県庁所在地の佐賀市は覚えておきましょう。九州で一番人口が少ないのも特徴**です。

筑紫平野は、福岡県と佐賀県にまたがっていますし、有明海も佐賀県だけに面しているわけではないので、佐賀だけでこれが有名、というものは地理ではありません。歴史好きな人であれば、弥生時代にできたと言われる吉野ヶ里遺跡が出てくるかもしれませんね。

のりの養殖量が全国1位

統計のとり方によっては兵庫県になることもありますが、**佐賀県は、のりの養殖量が全国1位**です。**長崎**県、**佐賀**県、**福岡**県、**熊本**県と4つの県に面している有明海で養殖されています。

ところが、**のりの生産量になると、なんと福岡県が1位**になってしまうのです。加工して商品にするには大きな工場が必要なのですが、

その工場は福岡県に多いからでしょう。

たまねぎや小麦の生産もさかんですが、2位や3位にとどまります。1位となると、のりの養殖しか思いつきません。

▲有明海ののりの養殖　　（6gouki/ピクスタ）

う〜ん…。魅力をうまく伝えきれないまま、佐賀県は終了です。

異国の窓口だった 長崎県

長崎県の豆知識

長崎県には日本一広いテーマパークがあるのですが、それはいったい何でしょうか？ 正解は、ハウステンボスです。オランダの街並を再現してつくられたので、風車もありますし、春になるとチューリップが咲きほこります。長崎県は、オランダとの関係が深い場所なのです。

造船業がさかんな長崎市と佐世保市

長崎県には覚えてほしい都市が2つあります。**南のほうにある県庁所在地の長崎市**と、**北のほうにある佐世保市**です。

どちらも造船業がさかんです。もともとは、軍港として使われていました。中国やア

▲佐世保市と長崎市

ジア方面で戦うときにも便利だったからです。

　もっと古い歴史をさかのぼると、江戸時代に、外国とあまり付き合わない鎖国の時期が続きました。そのとき、長崎県ではオランダや中国と貿易をしていたのです。それが現代のハウステンボスにもつながったのですね。

　長崎市は、**1945**年**8**月**9**日に**原子爆弾**を落とされました。その3日前には、**広島**市にも投下されています。
　原子爆弾の2発目は、もともと北九州市に落とす予定だったようです。八幡製鉄所という、日本発展のシンボルがあったことも理由の1つでしょう。ところが当日、北九州市の上空には雲が多く、いろいろな条件が重なって長崎市になったそうです。長崎市で造船業が進んでいたこと、軍艦をつくっていたこととも関係があったのではないでしょうか。

米軍基地と佐世保バーガーで有名な佐世保市

　佐世保市には、現在米軍基地があります。

　米軍基地があるというのは、軍事上重要ということです。朝鮮半島にも中国にもロシアにも近い場所です。

▲米軍基地のある佐世保市

　ところで、佐世保市の名物と言ったら何でしょうか。
　佐世保バーガーを知っていますか？ とてもボリュームがあるハンバーガーです。

　戦後にアメリカ軍の基地ができ、アメリカ人がたくさんやってきました。そこでたとえば納豆定食を売っても、「くさい」と言って食べてくれませんよね。それで、アメリカ人向けにハンバーガーをつくったのです。すると、アメリカ人は大喜びし、たくさん売れました。それが佐世保バーガーの始まりなのだそうです。

　佐世保市が入口となる**大村湾**では、**真珠**の養殖が活発です。
真珠の養殖がさかんな県は、愛媛県、長崎県、三重県の3つです。

島原半島にある雲仙普賢岳

　東部には**島原半島**があります。ここにある活火山は**雲仙普賢岳**です。1991年の噴火で、土石流や火砕流が流れ出て、死者も出ました。地理の観点からも重要な場所だということで、2009年にUNESCO（ユネスコ）の**世界ジオパーク**に**認定**されました。現在は島原半島ジオパークと呼ばれています。

長崎県

ちなみに日本で世界ジオパークに登録されているのは、他にも洞爺湖有珠山、糸魚川、山陰海岸、室戸、隠岐、阿蘇、アポイ岳、伊豆半島などがあります。

オランダや中国と活発に貿易していた長崎県

長崎県で有名な食べ物と言えば、長崎ちゃんぽんです。長崎県は、中華料理店が多い土地でもあります。**日本が江戸時代に鎖国していた頃は出島で、ヨーロッパの中でオランダとだけ貿易していました。**他には唐人屋敷というものをつくって中国（当時の国名は清）とも貿易していました。

そういった縁もあって、長崎市には中華街があり、ちゃんぽん発祥の地でもあるのです。日本の三大中華街は、横浜市、神戸市、長崎市とされていますが、どこも外国と密接にかかわりがある都市なんですね。

また、**長崎市の大浦天主堂は、潜伏キリシタン関連遺産の１つとして、世界遺産に登録**されています。

▲世界遺産の大浦天主堂　　（tomcat/ピクスタ）

生産量が全国一、長崎県のびわ

長崎県で、生産量が全国一の果実と言えば何でしょう？

これは少し難しい問題です。みかんは和歌山県ですし、りんごは青森県ですし、ぶどう、桃は山梨県ですし…。

答えは、「**びわ**」です。あまり目にしたことがないかもしれませんね。

入り組んだリアス海岸が広がっている

長崎県は海岸線が長いことで知られています。

大村湾もそうですが、海岸線が入り組んだ**リアス海岸**が広がっています。リアス海岸があることで海岸線が長いわけですが、他にも海岸線が長くなっている理由があります。それは何でしょう？

▲海岸線が入り組んだリアス海岸（kattyan/ピクスタ）

正解は、島です。長崎県には島が多いのです。そうすると、島の周りは全部海岸線になりますよね。有名な島としては、**朝鮮半島と九州の真ん中に位置する対馬**を覚えておきましょう。**暖流の対馬海流**という名前の由来になっている島です。

日本一の温泉県とも言われる大分県

大分県の豆知識

日本一のおんせん県

「日本一のおんせん県」と名乗っているように、大分県は、温泉地が多いことで有名です。このキャラクター、なかなかよく考えられているんですよ。湯気の形をよく見ると…、「OITA」となっています。

23

九州地方

大分県がほこる温泉は「別府」と「湯布院」

　温泉で有名なのは、別府市です。街のあちこちから硫黄の噴煙が立ちのぼっています。知らない人は「あっちもこっちも火事だ！ 大変なところに来てしまったぞ」と思うかもしれません。

▲街中に硫黄の煙がのぼる別府市　（花火／ピクスタ）

　生徒に「温泉に1回入るのにいくらかかると思う？」と聞くと、1000円、2000円という答えが返ってくることがあります。「いやいや、それはありえないでしょう」と思うのですが、スーパー銭湯などの施設によってはそれくらいするんですよね。そうやって金額をみんなに答えてもらってから、「別府市では温泉は1回100円で入れるところがあります」と言うと、驚きの声があがります。

　もう1つ、別府から西のほうの内陸にある温泉で有名なところが**由布市（湯布院）**です。アジアからの観光客も多く、にぎわっています。

鉄鋼業と石油化学工業が発展している大分市

　大分県の農業は、あまり入試に出ません。**かぼすと干しシイタケの生産量が1位**ということくらいでしょう。ごくたまにしか、試験には出ません。

　大分市は、鉄鋼業と石油化学工業が発展しています。この両方とも

さかんなところには、他に岡山県の**倉敷市**、神奈川県の**川崎市**があります。**倉敷市には水島地区**、大分市には鶴崎地区があります。

大分県の海岸線は、ギザギザしています。**リアス海岸**です。

そして、出っ張っているところは佐賀関と言います。でも、佐賀県ではないので注意してくださいね。関アジ・関サバと呼ばれるのは、この佐賀関でとれているからです。佐賀関と四国の間の海は狭いため、流れが急です。流れが速い分、魚はがんばって泳ぐのでマッチョになり、おいしくなるのです。

大分県

このあたりの海を**豊後水道**と言います。佐賀関は入試には出ないと思いますが、豊後水道くらいは覚えておいてもいいでしょう。ちなみに**四国側は愛媛県**で、西の端には**佐田岬**があります。

マグマ熱を利用する八丁原地熱発電所がある

他には、熊本県との県境付近に**八丁原地熱発電所**があります。**火山の蒸気を利用して発電する地熱発電は、大分県と奥羽山脈**沿いと覚えておくといいですよ。

25

大分県で代表的な半島・国東半島

最後に、大分県の目立つ半島・国東半島を紹介します。国の東と書きますが、これは何の国の東側と言うことでしょうか？

答えは、豊前国。かつてこのあたりは豊前国でした。ちなみに豊前国の南は豊後国です。

くまモンで有名な熊本県

熊本県の豆知識

熊本県を代表する、ゆるキャラのくまモン。熊本県のPRに絶大な効果を発揮しています。お仕事は「熊本県営業部長兼しあわせ部長」、特技は「くまモン体操」です。くまモンのほっぺたが赤いのは、熊本県がトマトなど多くの"赤"に恵まれているからだそうです。ちなみに熊本県はトマトの生産量1位です。

阿蘇山には世界最大級のカルデラがある

では、熊本県を紹介していきましょう。まずは**阿蘇山**です。ここには、**世界最大級のカルデラ**があります。カルデラは火山活動によって、山の頂上部分がくぼんでしまったものです。そのカルデラの中では**肉牛が放牧**されていま

▲世界最大級の阿蘇山のカルデラ　（emu/ピクスタ）

す。牛肉の放牧ではないですよ。阿蘇は2013年には世界農業遺産に、2014年には世界ジオパークに登録されました。

九州はIC工場が多いシリコンアイランド

九州がシリコンアイランドと呼ばれるのは、九州にIC工場が多いからです。ICは集積回路のことで、電子部品です。

では、なぜIC工場が多いのでしょうか。答えは、空気も、水もきれいで、空港もあり、交通の便がいいからです。

九州には各県に空港があって、とても輸送しやすいのです。都心と比べて、土地と人件費が安いのも利点です。もちろん中国や東南アジアの国々と比べれば高いですけどね。

熊本県

熊本県の南部には水俣市がありますね。四大公害病の1つである水俣病が発生した場所です。原因物質は有機水銀でした。では、水俣病が、なかなか解決しなかった理由は何でしょうか？

これは知らないと答えられないでしょうが、国も企業も、すぐに責任を認めなかったからです。ここには化学肥料の工場があったのですが、水俣病が発覚した後も、工場は使われ続けました。なぜなら、工

場をストップすることで、よくない物質を出している事実を認めてしまうことになるからです。

熊本県はスイカとトマトで日本一の生産量をほこる

では、熊本県の農業について解説していきましょう。

まず、**トマト、スイカは、生産量日本一**です。

くまモンの赤いほっぺは熊本県の"赤"の象徴と紹介しました。まさにトマトやスイカなどの赤を表しているのですね。

八代平野は二毛作と球磨川が有名

次に覚えておきたいのは**八代平野**です。**米といぐさの二毛作が行われていることで有名**です。**いぐさは、たたみ表の原料である工芸作物**です。ほとんど熊本県で生産していますが、家でよく使われているたたみには、それほど熊本県産が多くありません。なぜでしょう？それは輸入しているからです。輸入したもののほうが安いのです。

米といぐさの二毛作をしているんだね

八代平野には三大急流の１つである球磨川が流れています。八代海（不知火海）に流れ込んでいます。

ちなみに、**三大急流の残り２つは、富士川と最上川**です。

最後に歴史でもたびたび登場する天草を紹介しておきます。
「長崎と天草地方の潜伏キリシタン関連遺産」として世界遺産にも登

録されていますが、この天草(あまくさ)は熊本県にあります。

長崎県の島原とセットで出てくることが多いのですが、県が違うことは知っておきましょう。

農業も畜産もさかんな宮崎県

宮崎県の豆知識

宮崎県で有名な食べ物と言えば、チキン南蛮です。宮崎県は肉用若鶏の飼育がさかんですから、特産品になったのでしょう。

鶏・豚・牛すべての飼育数が全国上位

宮崎県は、鶏、豚、牛すべて有名です。**肉用若鶏**の飼育羽数は鹿児島県と1位を争っており、**豚**の飼育頭数は毎年鹿児島県に次いで2位です。肉用牛も毎年上位にランクインしています。

ビニールハウスで促成栽培

野菜の生産量も負けていません。**宮崎平野**は野菜の**促成栽培(そくせいさいばい)**で有名です。**ビニールハウス**を使って、野菜の早づくりをしています。沖合(おきあい)には暖流の日本海流が流れており、冬でも温暖なのです。

とくに、**ピーマン**や**きゅうり**の生産がさかんです。

これらの野菜の旬は夏ですが、それを冬から春にかけて出荷することで利益をあげようというのが、**促成栽培(そくせいさいばい)**です。

また、日向かぼちゃも有名ですね。日向とは、昔の宮崎県の呼び名です。

宮崎平野を流れる川は、**大淀川**です。
淀のつく3つの川、**宮崎**平野の**大淀川**、**高知**平野の**仁淀**川、**大阪**平野の**淀**川。これらは覚えておいてくださいね。

延岡市は宮崎県の工業都市

次に紹介するのは延岡市です。**延岡市は、化学工業がさかんな企業城下町**です。旭化成という会社があります。延岡市と宮崎空港を結ぶ特急列車「ひゅうが」は旭化成があるからできた、と言われるくらいの企業城下町です。

宮崎県

宮崎県の工業都市が延岡市だということを知っていたらすごい！というくらい、宮崎県では工業が発達していません。九州新幹線も走っていませんし、交通の便がよくないのです。

そんな宮崎県ですが、毎年寒い時期には、プロ野球チームが合宿にやってきます。読売ジャイアンツです。プロ野球は3月の終わりから4月にかけて開幕しますが、その前に行われるキャンプは、沖縄県や高知県、宮崎県などの暖かい場所が選ばれます。ラグビーの日本代表

も宮崎県で合宿をしていました。スポーツをするには絶好の土地なのです。

畜産とさつまいもで有名な鹿児島県

鹿児島県の豆知識
鹿児島県の人にとってお酒と言えば、まず芋焼酎が思い浮かぶのではないでしょうか。鹿児島県はさつまいもの生産量が際立っています。焼酎の原料はさつまいもなのです。

火山なのに桜島がある、大隅半島

鹿児島県を代表する活火山は**桜島**です。どうして、山なのに桜島と言うのかわかりますか？ もともとは島だったからです。噴火によって東側の**大隅半島**とくっついてしまいました。

▲鹿児島の活火山である桜島　（ゴーヤ/ピクスタ）

水はけのよいシラス台地は、さつまいもやお茶の生産向き

鹿児島県の西は**薩摩半島**です。鹿児島県では、広い範囲に火山灰が降ると言われています。桜島もよく噴火しますし、宮崎県との県境にある霧島山も噴火することがあります。このあたりに広がる**火山灰などによる白い土**を「シラス」と呼びます。

シラスが広がっている土地は、まず稲作には向いていません。

火山灰は水を通しやすく、水はけがよいためです。その分、米ではなく、水がそれほど必要ないものをつくっています。

鹿児島県は、**さつまいも**の生産量が１位、**茶**の生産量が２位です。どちらも水はけがよい土地に向いた作物だからこそ、鹿児島県での生産が伸びたのです。

牧草地になるシラス台地は畜産もさかん

また、鹿児島県は畜産がさかんです。**肉用牛**の飼育頭数は２位、**豚**は１位です。**肉用若鶏**の飼育羽数では、宮崎県と１位を争っています。稲作に向かないような土地でも、家畜を飼うことはできます。このように、シラス台地が広がっているために、特徴的な農業を行っているのです。

畜産がさかんな鹿児島県

シラス台地は土砂崩れが起こりやすいことも押さえておきましょう。水を含んだらすぐ崩れてしまうかもしれず、危ないのです。

では、ここで入試問題に挑戦です。

難関中学の過去問トライ！

シラス台地の特徴として挙げられる「水はけがよい」とはどのようなことか、この台地がどのようにできたかに触れて説明しなさい。

（鷗友学園女子中）

「桜島の噴火によって火山灰が積もった」と書いてしまうと、間違っ

た記述になってしまいます。

じつは現在の桜島ができるよりも前、約2万年以上も前に起きた大噴火によって火山灰や軽石などが混じった火砕流が流れ込み、それが残って今日のシラス台地になったのです。

解答例

シラス台地は火山の噴火によって積もった火山灰でできており、そのため土が乾きやすいということ。

全国2週間分をまかなえるほどの巨大な石油備蓄基地

薩摩半島の南部を見ていきましょう。

喜入（鹿児島市）には、かなり大きな石油備蓄基地があります。もし、石油が輸入できなくなっても、ここだけで全国で使われる2週間分の石油をまかなえるくらいの備蓄があります。

かつおの水揚げとうなぎの養殖でも有名

さらに南に行くと、枕崎市があります。枕崎港と言えば、かつおの水揚げで有名です。

また、**鹿児島県はうなぎの養殖量1位**です。静岡県の浜名湖が有名なので、静岡県が1位だと思ってしまう人もいるのですが、鹿児島県のほうが養殖量が多いのです。

屋久島・種子島・奄美大島も鹿児島県

南部には多くの島があるのですが、中でも絶対に覚えておくべき島が2つあります。まず、**トマトのような形をしており、世界遺産に登録されているのが屋久島**です。**屋久杉**で有名ですよね。

▲世界遺産・屋久島の縄文杉　（よっしー/ピクスタ）

そして、**九州でもっとも高い山があります。宮之浦岳**です。九州で一番高い山は阿蘇山でも、桜島でもありません。意外ですよね。

屋久島の降水量は年間を通じてかなり多く、夏はほとんど毎日雨が降るようです。屋久杉を見に行こうと思ったら、雨ばかりで大変ですよ。

きゅうりのような形をしており、宇宙センターがあるのが種子島です。**1543**年に、**鉄砲がポルトガル人**によって持ち込まれたことでも有

▲多くの島がある鹿児島県

名です。ちなみに、**1549**年には、**鹿児島**県に**キリスト教**が伝わりました。

　もっと南に行くと、**奄美大島**があります。ここでは、「大島つむぎ」という伝統的工芸品がつくられています。
　さらにその南に位置するのが徳之島です。もっと南には与論島があります。ここまでがすべて鹿児島県です。

九州地方はここまで。今回、沖縄県は扱いません。最後に北海道と一緒に取り上げます

2章 中国・四国地方

　今回は中国・四国地方を紹介します。中国地方には**中国山地**が、四国地方には**四国山地**が東西に長く伸びています。これが気候に大きな影響を与えています。

　夏に**南東の季節風**が吹いてくると、四国山地にぶつかって多くの雨を降らせます。高知県は夏の降水量が増え、とくに梅雨と台風の時期には降水量が激増します。
　冬には**北西の季節風**が吹くのですが、季節風が中国山地にぶつかることで、雨や雪を降らせます。鳥取県や島根県でもかなり雪が降るので、冬の降水量が多くなっています。

　では**瀬戸内海**に面した地域はどうかというと、ここには雨が降りません。どちらの季節風も山地にぶつかって雨を降らせてしまうので、1年中降水量が少ないのです。

　このように、同じ地方でもまったく気候が異なります。
　ちなみに私が将来住んでみたいのは、瀬戸内です。冬も暖かく、雨も少ないうえ、大好きなうどんで有名な香川県があるからです。

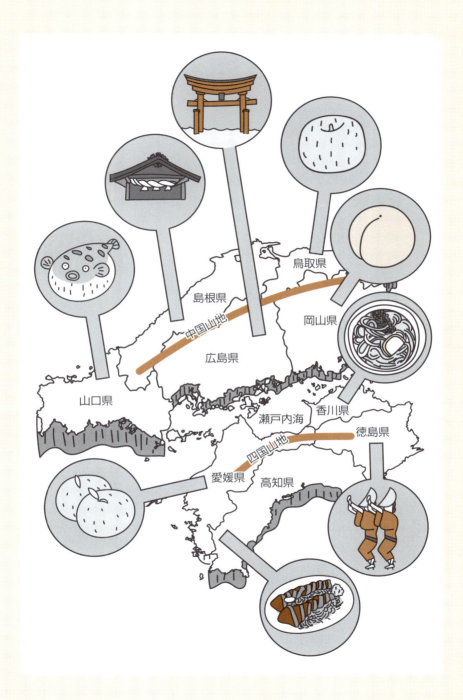

ふぐ、セメント業の地・山口県

山口県下関市と言えば、ふぐで有名です。江戸時代には、ふぐの毒にあたって死んでしまう人が多かったので、食べることは禁止されていました。しかし、山口県出身で初代内閣総理大臣の伊藤博文によって、ふぐを食べることが認められるようになったのです。

カルスト地形の秋吉台は石灰石が豊富

山口県の西部には、**秋吉台**があります。ここは**カルスト地形**（地表の石灰岩が雨水などに溶食されてできる地形）で有名です。**石灰石**が多くとれます。

秋吉台の南に宇部市があります。この都市では、セメント業がさかんです。

▲カルスト地形の秋吉台　（Yama/ピクスタ）

これには秋吉台で石灰石がとれることが関係しています。

そのとなりは防府市で、自動車の生産がさかんな市です。読み方は「ほうふ」です。

もうちょっと東に行くと、**周南市**があります。なぜ周南という名前なのでしょうか。それは「周防の南」という意味があるからです。周防は昔の国の名前の1つです。昔の国名と言えば、他に薩摩や日向が出てきましたね。**周南は石油化学工業**がさかんな都市だと覚えておきましょう。山口県の製造品出荷額の割合を見ると、石油化学工業に関係するものが多くなっていることがわかります。

木造のアーチ橋、錦帯橋が美しい岩国市

次は、東の端の岩国市です。昔は石油化学工業で栄えていたのですが、現在はそうでもありません。

岩国市には有名な橋があります。**錦帯橋**です。木造のアーチ橋で、くぎが使用されているものの、木材をたくみに組み合わせてできています。

山口県

松下村塾が開かれた萩市

山口県の北部もご紹介しておきましょう。北部で覚えるのは1つだけ。**萩市**です。萩焼が有名です。

また、江戸時代に**吉田松陰**が**松下村塾**という塾を叔父から受け継ぎ、講義したところでもあります。

しかし、この塾は数年で終わってしまいました。なぜかと言うと、江戸幕府に対して批判的だったということもあって、吉田松陰が死刑にされてしまったからです。それでもすごいのは、この塾出身で、その後に活躍した人が多いということ。

たとえば、初代内閣総理大臣の**伊藤博文**。奇兵隊をつくった高杉晋作も松下村塾出身です。

本書を読んでいるみなさんも、ぜひ将来は世界で活躍してほしいですね。

出雲大社で名をはせる島根県

島根県の豆知識

島根県には、**出雲大社**があります。縁結びの神社として知られています。10月は神無月と言いますよね。なぜかと言うと、全国の神様が島根県にある出雲大社に集まるからです。そうすると、それぞれの地域の神様がいなくなってしまいますよね。だから神無月なのです。逆に、島根では10月を神在月と言うこともあります。そこで、神様たちは集まっていったい何をしていたのでしょう。会議でしょうか？ ひょっとしてお見合いだったかもしれませんね。

米の単作地、出雲平野

出雲大社のあたりに広がっているのが**出雲平野**です。

ここは米の生産がさかんです。しかし、どうしても**1年に1回だけ作物をつくる単作**にならざるをえません。かなり雪が降るので、冬の間は農業がなかなかできないのです。そういった点

▲島根県にある出雲大社 (ニングル/ピクスタ)

では、新潟県や石川県と同じことが言えますね。**出雲平野は、米の単作地帯**として覚えておきましょう。

宍道湖は島根県最大の湖

島根県最大の湖は**宍道湖**と言います。**しじみ**の養殖で有名です。そ

島根県

の東側にある湖は中海です。多くの鳥が飛来することから、ラムサール条約に登録されています。

宍道湖も中海も海につながっています。こういった**淡水と海水が混じっている湖を汽水湖**と言います。

「水の都」松江市と世界遺産の石見銀山

島根県の県庁所在地は、**松江市**です。この都市には水路があったり、湖があったりするので、「**水の都**」と呼ばれています。

島根県の西部には、世界遺産に登録された**石見銀山**があります。

石に見ると書いて、「いわみ」と読みます。歴史でも出てきますが、日本はかつて世界最大の銀産出国だったのです。

砂丘と言えば鳥取県

鳥取県は、日本でもっとも人口が少ない県です。全人口を合わせても50万人台で、現在も減少傾向にあります。授業で「世田谷区の人口より少ない」と話すと、かなり驚かれます。今では、杉並区の人口よりも少なくなっているという状況です。

41

過疎化が進む山陰地方

鳥取県や島根県は中国山地の北部に位置しており、これらの地域を山陰地方と言います。中国山地南部の山陽地方と比べても人口の減少が激しく、**地域が衰退する過疎**が進んでいます。

同じ名前でも読み方が違う…境港

まず、鳥取の西の端にある港は**境港**です。**港の名前は「境」港で、市の名前は「境港」市**です。間違えないようにしてください。

鳥取県

以前、日本海側最大の漁港である境港に寿司を食べに行ったときのことを、今でも覚えています。なんと言っても『ゲゲゲの鬼太郎』に出てくるキャラクターの像が町中にあるのが印象的でした。作者の水木しげるさんの出身地だからなのですが、これも**町おこし**の一環なんだなと感心しました。観光客も多くいて驚きました。

鳥取県の大山、別名は伯耆富士

鳥取県には**大山**という山があります。**伯耆富士**とも呼ばれているのは、山陰道に位置するこのあたりの昔の国名が伯耆だからです。

では、なぜ伯耆富士と呼ぶのでしょうか。それは、各地域ごとの大きい山にはその地域の名前をつけ「○○富士」と命名することが多いからです。

たとえば、**青森県の津軽富士（岩木山）、福島県の会津富士（磐梯山）、鹿児島県の薩摩富士（開聞岳）**などがあります。

鳥取砂丘で育ちやすい、らっきょう、スイカ、長いも

では、東部を見ていきましょう。京都府・兵庫県・鳥取県にかけて、世界ジオパークに登録されている山陰海岸ジオパークがあります。

さらに鳥取平野、鳥取砂丘があるのですが、**覚えるのは鳥取砂丘**だけで十分です。

水はけがいい土地で育ちやすい作物

砂丘なので砂がたくさんある、ということは水はけがいい。となると、稲作には向いているでしょうか？ 向いていないでしょうか？ 向いていませんよね。

ですから、このあたりでは、**らっきょう、スイカ、長いもといった、水はけがよいところで育ちやすい作物を育てている**のです。

風に乗って砂が民家などに飛んできたりするのですが、これを防ぐために**防砂林**が植えられています。

砂が飛ばないようにするためと、水はけがよい分、水不足になりやすいために スプリンクラーも多く見られます。スプリンクラーは学校でも見かけますね。

ところで、鳥取砂丘はどうやってできたかわかりますか？

近くを流れる川から日本海に流れ出した砂が、波や風によって海岸に押し戻されてできたものなのです。多くの砂浜海岸も同じようにできています。近年、多くの砂浜海岸で砂

▲川から海に流れ出した砂でできた鳥取砂丘
（戸田鷹／ピクスタ）

が減少していますが、これは上流にダムができたことで、川が以前ほど砂を運ばなくなったことも要因となっています。

かつては生産量日本一。二十世紀なしは鳥取県名産

最後に、**鳥取県と言えば、日本なしの生産がさかん**です。「二十世紀なし」と言う品種を聞いたことがある人もいるでしょう。

かつては鳥取県が日本なしの生産量日本一でしたが、都道府県別の順位は低下してしまいました。

かきの養殖と世界遺産で知られる地・広島県

広島県の豆知識

広島県でお好み焼きを食べると、大阪府とは違った味を楽しめます。お好み焼きに麺が入っているのです。また、かきのバター焼きもよく見かけます。広島県は、かきの養殖量が日本一なのです。

日本三景・宮島と養殖量1位の広島かき

広島県は、中国・四国地方でもっとも人口が多い県です。

まず、西から見ていきましょう。

日本三景の1つである、**宮島**があります。日本三景とは、広島県の宮島、京都府の**天橋立**、宮城県の**松島**の3つです。

私の宮島の思い出と言えば、名産品のしゃもじ、もみじまんじゅう、そして**かき**です。養殖量1位で、広島県だけで日本の半分以上のシェアを占めています。

2つの世界遺産、厳島神社と原爆ドーム

宮島には、世界遺産に登録されている**厳島神社**があります。平安時代に、**平清盛**が保護したことで知られています。

もう1つ、広島県には世界遺産があります。**原爆ドーム**です。原爆ドームは、「**負の遺産**」と呼ばれることもあります。

▲宮島にある世界遺産・厳島神社

では、ここで入試問題に挑戦してみましょう。

難関中学の過去問トライ！

原爆ドームが世界遺産に登録されたということは、どういう意味があると考えられますか。簡単に記しなさい。

(開成中)

2 中国・四国地方

　原爆ドームは、他の世界遺産とは異なる性質があります。おそろしい出来事を伝えるためのものという意味で、「負の遺産」とされているのです。同じような世界遺産に、**水爆実験が行われた**マーシャル諸島の**ビキニ環礁**や、**ナチスがユダヤ人を虐殺した施設である**ポーランドの**アウシュビッツ強制収容所**があります。

　1945年8月6日、世界で初めて原子爆弾が投下され、多くの人が亡くなりました。そして8月9日には、長崎にも原子爆弾が落とされています。同じようなことを二度と繰り返してはならないという思いが、原爆ドームを世界遺産にしたのです。

▲広島のもう1つの世界遺産・原爆ドーム
（PIXSTAR/ピクスタ）

解答例
戦争の悲惨さや核兵器のおそろしさを後世に伝えるため。

三角州の上に発展した百万都市・広島市

　原爆ドームは広島市にあり、そこを流れている川が**太田川**です。その河口部分は**三角州**になっています。**政令指定都市**で、**百万都市**でもある広島市は、三角州の上に発達した都市です。三角州の上にある広い島があわさって広島という名前になったという説もあります。

自動車産業の府中町と、鉄鋼業と造船業の呉市

　広島市のすぐ東に位置する**府中町**。ここは**自動車**の生産が活発で、

企業を中心に発達した都市である**企業城下町**です。マツダの本社がありますね。野球チームのホームグラウンドの名前にもなっているくらいですから、府中町はもちろん、広島県全体に影響力がある会社だということがわかりますよね。

広島県

　広島県の南部にある**呉市**は、**鉄鋼業**と**造船業**でにぎわっています。**船で使う鉄もつくっている**んだ、と覚えてください。
　かつて戦艦大和をつくった場所でもあり軍港でもあったから今でも造船業がさかんなのだ、と考えてもいいですね。現在は、自衛隊の基地があります。

　戦艦大和の歴史を知ることができる「大和ミュージアム」は連日多くの人が訪れる人気の施設です。私が足を運んだときは、日曜日だったからか、駐車場への出入りだけで何十分もかかる大渋滞に巻き込まれてしまい、帰りの新幹線に間に合うか、ドキドキしてしまったものです。

70kmサイクリングロードの瀬戸内しまなみ海道

　広島県の尾道市と愛媛県の今治市を結んでいるルートを、**尾道―今治ルート**と言います。通称、**瀬戸内しまなみ海道**です。
　ここは、車だけでなく、自転車や徒歩でも渡れます。ドライブすると、サイクリング中の人を多く見かけます。しかし、ママチャリでは

47

無理です。高低差は70m以上、距離も自転車で走る道路は70kmほどもあるそうです。

尾道市(おのみち)は坂のある町で、とてもいい場所です。尾道市(おのみち)の少し東には福山市があります。福山市は鉄鋼業がさかんな土地ですね。

熊野筆は広島県の伝統的工芸品

▲化粧にも使われる熊野筆
（NOBU/ピクスタ）

最後に、広島県の伝統的工芸品にも触れておきましょう。

ズバリ**熊野筆(くまのふで)**です。書くだけではなく、化粧のためにも使われます。覚えておきましょう。

桃太郎が生まれた岡山県

岡山県の豆知識

桃太郎のふるさとと言えば、岡山県です。「鬼退治」や「鬼ヶ島」と言っていますが、決して本当の鬼がいたわけではなく、もともとの住人たちが島に住んでいただけなのではないでしょうか。実際、鬼ヶ島とされた島が、瀬戸内海にあるのです。高松からフェリーで訪れたことがあります。じつは桃太郎は、岡山県VS.香川県の島の人同士の戦いだったのかもしれませんよ。

鉄鋼業と石油化学工業で栄える倉敷市

まずは**倉敷市(くらしき)**から紹介しましょう。ひと言で言えば、工業都市です。

ここの**水島地区**は、**鉄鋼業**と**石油化学工業**のどちらもさかんです。

では、復習の問題を１つ。九州で、鉄鋼業と石油化学工業がどちらもさかんな都市はどこだったでしょうか？

正解は大分市です。他には、**川崎市**（神奈川県）があります。

ちなみに、倉敷市を流れている川を高梁川と言います。

岡山と言えば、桃・マスカット・後楽園

岡山市は、岡山県の県庁所在地です。岡山駅の前には桃太郎の銅像があります。**岡山平野は、桃とマスカットの生産地として有名**です。そう考えると、なぜ桃太郎の話の舞台が岡山県なのか納得できますよね。

「桃太郎はいるのにどうしてマスカット太郎はいないのだろう」と思ってしまいますが、マスカットは明治時代に岡山県で生産され始めたので、桃と比べると歴史が浅いのです。マスカット太郎がいないのは、そのせいでしょう。

さて、岡山市には**後楽園**があります。日本の三名園の１つです。

三名園は岡山市の後楽園、金沢市の兼六園、水戸市の偕楽園の３つを指します。ちなみに、この後楽園は、東京ドームがあるところではありません。３つとも、昔のお殿様の庭園だと考えてください。

▲日本の三名園の１つ後楽園
（写真提供：岡山後楽園）

干拓地として有名な児島湾

岡山市の東には児島湾があります。ここは干拓で有名です。

三大干拓地と呼ばれるものがあります。秋田県の八郎潟、岡山県の児島湾、そして４つの県にまたがっている九州の有明海です。

瀬戸大橋がかかっているのは岡山県と香川県

岡山県と香川県を結んでいる児島―坂出ルート。ここにかかっているのは、有名な瀬戸大橋です。本州と四国を結ぶルートは全部で３つありますが、この児島―坂出ルートだけが鉄道も走っています。他の２つは、瀬戸内しまなみ海道の尾道―今治ルートと、徳島県と兵庫県を結ぶ、神戸―鳴門ルートです。

▲岡山県と香川県を結ぶ瀬戸大橋
（まちゃー / PIXTA(ピクスタ)）

最後に、岡山県の伝統的工芸品と言えば何だと思いますか？ 答えは有名な備前焼です。根強い人気をほこる陶磁器ですね。覚えておいてください。

「うどん県」として知られる香川県

香川県の豆知識

（画像提供：(公社)香川県観光協会）

なんだいきなり、と驚かせてしまったなら、ごめんなさい。これは、香川県のホームページにあったロゴです。香川県は、「うどん県」として全国に発信しています。人口1万人あたりのうどん店の数も、全国1位です。名店がたくさんあり、うどん店めぐりはとても楽しいですよ。1日何杯も食べるので、太ってしまうのですが…。

讃岐平野の小麦から生まれた讃岐うどん

香川県と言えば、**讃岐うどん**が有名ですよね。

香川県の讃岐平野は、1年を通して降水量が少ない地域です。なぜなら、**北は中国山地、南は四国山地**、他に**讃岐**山脈もあり、山に囲まれている平野だからです。

▲中国・四国地方の地形

稲作には適していないため、あまり水を必要としない小麦が栽培され、うどんの産地となったのです。

降水量が少ないから生まれた香川用水・塩田

瀬戸内海はどこも雨が少ないので、昔の人たちはどうしていたかというと、**ため池**をつくって水不足をしのいでいました。しかし今では、

吉野川から引いてきた香川用水があるので、ため池も少なくなってきています。

吉野川の上流には、早明浦ダムがあります。このダムは、高知県にあります。吉野川は暴れ川として有名で、四国三郎と言われることもあります。

ちなみに、筑後川は筑紫次郎、利根川は坂東太郎というあだ名がつけられています。勘違いをしてほしくないのは、**吉野川自体は徳島平野を流れており、讃岐平野には流れていないということ。香川用水が引かれているだけ**ですからね。気をつけましょう。

昔はあって今はないものと言えば、塩田もその1つです。

香川県に限らず、昔から瀬戸内海には塩田が見られました。海水を利用して塩をとっていたのですが、現在は工場で生産されています。昔は天日で海水を蒸発させていたため、雨は禁物でした。塩田での塩づくりは、雨が少ない瀬戸内ならではの産業だったのです。
「瀬戸内工業地域は塩田や軍用地の跡地にできた」という文章が試験によく出ます。覚えておきましょう。

オリーブの産地として名高い小豆島

昔は小麦が多くつくられていましたが、現在、**小麦はアメリカやカナダ**からの輸入がほとんどで、**自給率は10～15％程度**にすぎませ

ん。讃岐うどんと言っても、香川県産の小麦は、あまりないでしょう。

香川県の北東部に牛の形のような島がありますよね。
ここは**小豆島**と言います。**オリーブの生産がさかん**ですが、それは、あまり雨の降らない場所でも育つからです。オリーブの木は意外に強いのです。

▲雨の少ない小豆島の名産オリーブ
（やたがらす/ピクスタ）

ちなみに、小豆島でオリーブオイルを買おうとするときは、よく産地を確認しましょう。スペイン産やギリシャ産のものも売られています。国産のものは高いので、値段を見て「このオリーブオイル、高い！」と思ったら、たいがい小豆島産のもののはずです。

造船業の坂出市、うちわの丸亀市

坂出市は、**造船業**がさかんです。そして、坂出から少し南にある丸亀市では、うちわがつくられています。

ところが、最近丸亀ではうちわの生産量が減ってきているそうです。なぜでしょう？

扇風機やクーラーが普及してうちわを使わなくなってきたことと、外国から安いうちわが入ってきていることが原因です。

余談を１つ。手軽に讃岐うどんを食べられることで有名な丸亀製麺。近年は海外にも進出しているそうですが、じつは丸亀市で誕生した会社ではないそうです。ちょっとびっくりですね。

工業より、農業・漁業がさかんな高知県

高知県に行ったときに、かつおのわら焼きを自分でつくったことがあります。わらに火をつけ、くしに刺したかつおに火を通すのです。豪快に燃える火のインパクトも印象に残りましたが、なぜそんなことをするのでしょうか。それは「生で食べたいけど、かつおに虫がいる場合にそなえて表面だけでもしっかり焼く」ためだそうです。昔の人の知恵ですね。

高知平野はビニールハウスの促成栽培がさかん

まず、**高知平野**から解説していきます。高知平野では、**ビニールハウス**を使った野菜の**促成栽培**が多いことで有名です。とくに**なす**の生産量が際立っています。

かつては**1年に二度同じ作物をつくる米の二期作**が主流でした。これは、基本的に暖かいところでないとできません。単作地帯では、冬に雪が降るため、一度しか米をつくれません。では、なぜ現在は二期作をしないのでしょうか？

1年に2回も作物をつくると、土の養分が減りますよね。その分、おいしさも落ちて売れなくなってしまうからです。昔と違って、米不足になるということもめったにありませんから、消費者は、ちょっ

米の二期作だと味が落ちるので、今は米となすをつくっているんだ

と高くても、高品質のおいしいお米を求めるのです。

こんな背景があるから、米ではなく、なすなどの野菜を生産するようになったのです。

土佐和紙で有名な仁淀川

高知平野を流れているのは、仁淀川です。淀がつく重要な川は3つあり、他の2つは**宮崎県の大淀川**と、**大阪府の淀川**です。仁淀川流域に、いの町があります。「いの」はひらがな表記です。さいたま市やさぬき市

のように、ひらがなの都市もあります。その、いの町は和紙の生産で有名です。**伝統的工芸品の1つである土佐和紙**です。

みなさんは、和紙の原料を知っていますか？

それは、**こうぞ・みつまた**という木です。昔はこれらの木から繊維をとるために川に浸すなどの方法もとっていたそうですが、今は川に浸すケースはめったにありません。

四国で一番長い四万十川

西部にある四万十川は、「最後の清流」と言われています。四国でもっとも長い川です。その近くにある**土佐清水港**。こ

▲土佐清水港でとれた、かつおのたたき
（assy/ピクスタ）

55

の港は**かつお**がとれることで知られています。かつおは、まぐろと並んで遠洋漁業でとることが多い魚です。

最後に2つの岬を紹介しておきます。**東にある岬は、室戸岬**と言います。反対側の**西にあるのが足摺岬**です。

高知県は伝統的工芸品以外、工業の話が出てきませんでしたね。そうなんです。高知は、工業がまったくさかんではない県なのです。

小説や映画の舞台「道後温泉」を有する愛媛県

愛媛県の豆知識

夏目漱石の『坊っちゃん』の舞台にもなった愛媛県の県庁所在地である松山市。ここには、小説にも出てくる道後温泉があります。スタジオジブリの『千と千尋の神隠し』という映画がありましたよね。あの映画に出てくる温泉のモデルになった場所と言えばわかる人もいるかもしれません。昔ながらの雰囲気が残る素晴らしい場所なのですが、最近は外国人観光客も多くて、とても混雑しています。

▲松山の道後温泉本館
（kazukiatuko/ピクスタ）

果物の栽培や海産物の養殖がさかんな愛媛県

愛媛県は**みかん**の生産量が全国有数、いよかんとキウイフルーツが1位を占める、果物の栽培に力を入れている地です。**だんだん畑**

▲だんだん畑

が多く見られます。

西側の海は**宇和海**で、いろいろな海産物の養殖をしています。
とくに有名なのが真珠で、他には、真鯛やはまちの養殖もさかんです。

宇和海の北部にある岬を、佐田岬と言います。大分県の佐賀関との間が狭い分、**豊後水道**の流れが速く、魚もたくさん動くので、おいしい魚がとれるわけですね。

県庁所在地の松山市に道後温泉があることは、覚えておきましょう。**タオルの生産が全国1位の今治市**は、瀬戸内しまなみ海道で広島県尾道市とつながっています。

愛媛県

阿波踊りとうずしおで名高い、徳島県

徳島市で夕食を食べに出かけたとき、「あわおどり」がおすすめと書いたお店がありました。いったい何だろうと思ったら、「阿波尾鶏」という名前の鶏のことだったのです。「阿波踊り」に引っかけた名前かとおもしろ半分で食べてみたら、思いのほかおいしくてびっくりしました。

全国的に知られる阿波踊り

徳島県は、あまり覚えることはありません。

まず、夏に行われる阿波踊りは全国的にも有名です。徳島の旧国名が阿波であることから名づけられました。「踊る阿呆に見る阿呆。同じ阿呆なら踊らにゃそんそん」と言いながら踊ります。

徳島の阿波踊り

次に四国三郎と呼ばれる吉野川。下流には徳島平野が広がっています。

また、鳴門のうずしおは有名です。兵庫県の淡路島と鳴門市を結んでいる大鳴門橋からうずしおを見ることができます。

徳島県

あまり試験には出ませんが、徳島県を代表する特産物のすだちは、県花にもなっています。にんじんの生産も、上位に食い込んでいますね。

▲徳島・鳴門のうずしお　（10max/ピクスタ）

3章 近畿地方

　今回は近畿地方です。南部には紀伊山地があります。和歌山県、奈良県、三重県にまたがっている広い山地で、気候にも大きな影響を与えています。三重県の尾鷲市は、東京都の2倍以上も雨が降る地域ですが、これは紀伊山地に雨雲がぶつかって雨が降りやすくなるからです。北部には丹波高地、東部には鈴鹿山脈があります。

　人口が多いのは、大阪府です。大阪府は人口密度も、土地の値段も高いのが特徴です。そこで周辺の地域（兵庫県や奈良県、滋賀県など）に住んで、大阪府に通勤や通学で通う人もいます。その分、大阪府は、昼間の人口が夜間の人口と比べて多くなっているのです。

　観光地と言えば京都府です。金閣、銀閣、清水寺。いくらでも見どころを思いつきます。ところが、観光客が増えすぎて住民も困っているそうです。道路も渋滞し、バスに乗るのもひと苦労。
　観光客でにぎわうのは、いいことばかりでもないようです。

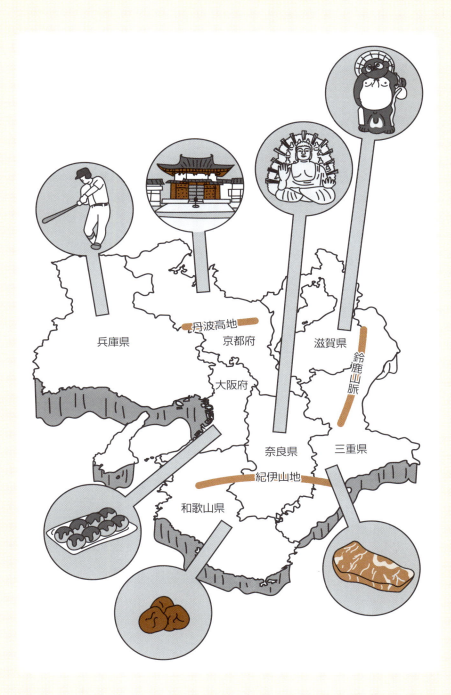

天下の台所こと大阪府

オムライス、インスタントラーメン、たこ焼き、串カツ…。これらは大阪が発祥と言われています。つい、おいしい食べ物にお金を使いすぎて、財布の中身がなくなってしまう「食いだおれの街」として有名ですね。

経済の中心地「天下の台所」大阪府

大阪府はかつて、「**天下の台所**」と呼ばれていました。それは、いろいろなものが全国各地から集まってきて、売買されていたからです。

そして、**昭和初期は、兵庫県との間に広がる阪神工業地帯が日本最大の工業地帯**でした。金属工業や繊維工業がとくにさかんで、中小工場が多いという特徴がありました。

ただ、**現在は繊維製品の多くは海外で生産されていますし、工業出荷額は中京工業地帯が1位**となっています。

大阪府

昔は貿易港として発展した堺市

大阪市のすぐ南には**堺市**があります。ここは**政令指定都市**です。大阪府には、大阪市と堺市の2つの政令指定都市があります。堺市

には、石油化学コンビナートがあり、工業も活発です。この石油化学コンビナートは、その南にある高石市にも続いています。

堺と言えば、昔は貿易港として栄えていました。織田信長が活躍していた頃、鉄砲や火薬などが輸入されました。茶道で有名な千利休も堺出身です。

24時間離着陸できる関西国際空港

さらに南を見ていきましょう。代表的なのは、泉佐野市です。24時間離着陸可能な関西国際空港の一部は、この市に含まれています。「24時間」を強調することには、理由があります。もともと大阪府には伊丹空港があるのですが、周りに住宅地があって騒音や振動がひどかったため、もちろん深夜は使えませんでした。

だから、深夜でも使えるように、海の上に関西国際空港がつくられたのです。ちなみに、伊丹空港は現在も変わらず使われていますよ。やっぱり大阪府の中心部には行きやすいし、使い勝手がいいのですね。神戸空港も新たにできました。

▲24時間離着陸可能な関西国際空港
(Skylight/ピクスタ)

ちなみに泉佐野市と泉大津市、どちらも繊維工業がさかんです。その中でも綿織物の生産が多いのが特徴と言えます。

電気機器の生産がさかんな門真市

次に門真市です。門真市は、松下幸之助という人がつくった松下電

器産業（現パナソニック）にゆかりのある地です。入試には出ないと思いますが、松下幸之助は有名人です。**門真市は、電気機器の生産でにぎわう企業城下町**です。

　他にも、門真市から見て北のほうにある高槻市と茨木市、南のほうにある東大阪市、東のほうにある大東市なども、電気機器の生産が多いところです。**とにかく門真市は絶対に覚える。**その他はできれば覚える、というくらいでいいでしょう。

県によって呼び名が変わる淀川

　琵琶湖から流れてきている淀川は、大阪湾に流れ込んでいます。**大阪府なら淀川ですが、京都府なら宇治川、滋賀県なら瀬田川と呼んでいます。**流れる府県によって、名前が変わるのです。おもしろいですね。

大阪と京都と滋賀で川の名前が変わるんですね

日本の標準時子午線が通っている兵庫県

兵庫県の豆知識

阪神タイガースの本拠地で、高校野球の聖地としても有名な甲子園球場は、兵庫県にあります。阪神ファンにとって大切な球団歌は「六甲おろし」と呼ばれていますが、これは兵庫県にある六甲山から吹きおろす風のことを指しているのです。

兵庫県の中央にある生野銀山

兵庫県は、近畿地方の中では最大の面積をほこります。ただ、北のほうは、覚えるべきことはありません。観光地として昔から大変有名な城崎温泉があるものの、入試となるとあまり覚える必要もないでしょう。

では、中央エリアを見てみましょう。

今は閉山してしまいましたが、当時の様子を知ることができる**生野銀山**があります。まったく入試に出ない話なのですが、1つ豆知識を。

銀山や金山の遺跡（史跡）には、洞くつのような坑道があって、人形が当時の採掘の様子を再現しているものが多いですね。見てみると、どこも似たり寄ったりで、全国各地の鉱山跡をめぐると、さすがにあきてしまいます。

ただ、この生野銀山がひと味違うのは、なぜか人形がすべてイケメンであることです。なんと、ハーフ顔の人もいます。ホームページにも「超スーパー地下アイドル ついに発掘！」というキャッチフレーズもある力の入れようです。GINZAN BOYZ としてCDデビューまでしています。足を運ぶことがあったら、ちょっと見に行ってみてください。

世界遺産の姫路城がある姫路市

生野銀山あたりから、もっと南のほうに行くと、**姫路市**があります。**姫路市と言えば、世界遺産の姫路城**です。別名、白鷺城と言われています。5年以上かけた修理の結果、かつての美しい姿を取り戻したと

評価する声もある一方、壁を白く塗りすぎて、これでは白鷺城ではなく、「白すぎ城」だという批判もあったそうです。悩ましいですね。

▲世界遺産の姫路城

兵庫県の自然と農業

姫路市を含む**播磨平野**では、米が多く生産されています。
また、淡路島は、**たまねぎ**の生産で有名です。大都市に近い利点を生かした**近郊農業**が行われています。

東経135°の明石市

東経135°、つまり**日本の標準時子午線**が通っている**明石市**は覚えなければいけません。**標準時子午線**というのは、日本の時間を決める線ということです。

では、東京が東経140°で午後6時のとき、明石は東経135°で何時でしょうか？

正解は午後6時です。日本のどこにいようと午後6時なのです。なぜだと思いますか？ 場所が変わるごとに時間がずれてしまうと大変なことになりますよね。そのため、明石の時間に日本全国統一しよう、となっているのです。

では、地球全体で考えてみましょう。たとえば、日本が午後6時だとすると、ちょ

うど地球の反対側にあたるブラジルの首都ブラジリアは何時なのか。答えは、12時間ずれて午前6時です。

ところで、日本の時間はなぜ明石の経度に統一したのでしょうか。
地球1周360°ということは、360÷24＝15°で1時間変わります。となると、135°はちょうどいいのです。なぜかと言うと、15°のちょうど9倍ですから、時間の計算がしやすいですね。

もしこれが東京で、140°が標準だったら、時差を計算しにくいですよね？「イギリスとの時差は9時間20分です」なんていうことになったらいちいち面倒くさい…。そんな理由から、世界全体で原則1時間単位の時差にそろえているわけです。

経度を決める際には、イギリスの旧グリニッジ天文台を通る線を0°（本初子午線と言う）としました。
ですから、日本との時差は、135÷15で**9**時間となります。ただし、ヨーロッパの国々やアメリカなど、サマータイムを導入している国もあります。**イギリスは夏の間1時間時計を早めているので、サマータイムのときの日本との時差は、8時間になります。**
このあたりは、覚えておきたいところです。

世界最長のつり橋・明石海峡大橋

神戸と淡路島との間を結んでいるのが、**明石海峡大橋**という、世界最長のつり橋です。右の写真がそれです。美しいですね。

▲世界最長のつり橋・明石海峡大橋　（Yama/ピクスタ）

造船業がさかんな県庁所在地・神戸市

次は県庁所在地の<u>神戸市</u>に移りますよ。神戸市は、政令指定都市です。

まず<u>造船業</u>がさかんです。**平清盛**が、平安時代にここを整備したことでも知られています。あれ？　中国地方でも出てきたと思いましたか？そうです。**平清盛は、厳島神社を整備した人物**でもあります。中国の宋と貿易をしていましたし、強い水軍を味方につけていたので、貿易港や海を大切にしていたのでしょうね。

兵庫県

神戸市の中に灘地区があります。ここには日本一の難関校とも言われる灘中学校・高等学校があるのですが、それとは別に、<u>清酒</u>で有名な場所です。じつは灘校は、もともと酒造業者が設立した学校なんです。灘の生徒が優秀なのは、清酒を飲んでいるから…なんてことはありません。未成年は飲酒禁止ですから、飲むはずがありませんね。

1995年の悲劇、阪神・淡路大震災

神戸市には、人工島があります。ポートアイランドと六甲アイランドです。ポートアイランドの先には神戸空港があります。

1995年1月17日に阪神・淡路大震災が起こりました。この地震で6000人以上の人が亡くなり、当時の地震による被害としては、戦後最大でした。亡くなった人の多くは、建物や家具の倒壊による圧死だったと言われています。忘れられない災害です。

　なお、先ほど出てきた明石海峡大橋はその当時建設中だったのですが、実際に使われ始めたのは1998年からです。

歴史と伝統のおもむきがある古都・京都府

京都府は、歴史と伝統がある場所で、古い建物がたくさんあります。この景観を守るために、電線を地下に埋め込む工事をしたり、高層ビルの建設を制限する条例(地域の決まり)があったりします。観光をすると、電線が少ない分、街や空を広く感じられますね。

日本三景にも選ばれた天橋立

　まず、北のほうから見ていきましょう。**日本三景の天橋立が丹後半島のつけ根にあります。**天橋立の景色を楽しむ方法を知っていますか？これは、私も実際に行ったときに知ったのですが、頭を下げて股の間から天橋立を眺めるのです。すると、まるで空に島が浮かんでいるように見えます。

▲日本三景の1つ・天橋立
（hiroki okumura/ピクスタ）

でも、みんなで頭を下げて股の間から向こう側をのぞく光景は、一見ぎょっとしますよ。集団で行うときには気をつけましょう。

京都府

「丹後ちりめん」というものがあります。これは小さい魚のことではなく、伝統的な織物のことで、伝統的工芸品です。

そして、**丹波高地**。ここは、場所を確認しておきましょう。中国山地の最東端に位置しています。丹後と丹波は、間違えないように気をつけたいポイントですよ。

京都府には有名なお寺が数多くある

京都市の中心部は、**盆地**になっています。夏は暑くて、冬は寒い…。ですから、夏の観光は大変です。たくさん観光客がいるので、**金閣のある鹿苑寺**に行くと、人がぎゅうぎゅうにあふれ、なかなか先に進めません。それでいて暑いので、すぐ疲れてしまいます。

▲京都の観光名所、金閣のある鹿苑寺

外国人観光客もたくさん日本を訪れ、さらに混雑するようになりました。周辺の道路も混むので、地元の人の生活にも影響し、観光公害という言葉が使われるほどになっています。

他にも銀閣のある慈照寺や清水寺など、有名なお寺がたくさんあり、どれも世界遺産に登録されています。なんと言っても、京都府はかつて都が置かれていた場所ですからね。

▲銀閣のある慈照寺

都とは、天皇が住んでいた場所のこと。794年から1000年以上、京都府は日本の都でした。文化のあふれた彩り豊かな地です。

京都府の伝統的工芸品「清水焼」「京友禅」「西陣織」…

歴史では何度も出てくる京都府ですが、地理で何を覚える必要があるかと言うと、伝統的工芸品についてです。次の3つをしっかり覚えましょう。

- **清水焼**（焼き物）
- **京友禅**（染め物）
- **西陣織**（織物）

西陣織は、歴史上の大事件に関係しています。1467年に起きた応仁の乱という戦争です。京都府で西と東に分かれて戦っていたのですが、その西側の陣地を西陣と言います。11年も続いた応仁の乱が終わり、その西陣のあたりに織物職人が集まってつくられるようになったことから、西陣織と言うのです。とても高級な絹織物です。

十円玉にも描いてある、宇治市の平等院鳳凰堂

京都府から見て、南側にあるのは**宇治市**です。ここは高級茶で有名

です。他には藤原道長の息子、藤原頼通がつくった平等院鳳凰堂があることでも知られています。右の写真はみなさんも見たことがあるはずですよ。なぜかと言うと、十円玉に描いてあるからです。

▲宇治にある平等院鳳凰堂

海はなくても日本で一番広い湖がある滋賀県

滋賀県の豆知識

滋賀県には、かつて織田信長がつくった安土城がありました。ところが、彼の死後、城は焼かれてしまったので、天守閣も残っていません。安土城跡があるので、足を運んでみたところ、かつての石垣が残っていました。20分以上、急な石垣をずんずんのぼってようやく着いたところには…これといって見どころはありませんでした。観光客が少なかったのも納得です。

滋賀県の6分の1の面積を占める琵琶湖

滋賀県は、海がない内陸県です。なんといっても日本で一番広い湖である琵琶湖を覚えなければいけません。漢字を逆にしないように気をつけてくださいね。漢字の下の部分を見てみると、「比」になっているほうが「び」ということで覚えられると思います。

滋賀県

琵琶湖で泳ぐこともできます。海ではないので、「海水浴場」ではなく「水泳場」や「水浴場」と呼ばれています。

琵琶湖は滋賀県の面積の、じつに6分の1も占める広大な湖です。あるときから、生活排水による<u>水質汚濁</u>が問題になり、条例（地域ごとの決まり）でリンを含む合成洗剤の使用が禁止されました。現在は、一時期に比べて、かなりきれいになったことでしょう。**琵琶湖は、重要な湿地を保護する<u>ラムサール条約</u>にも登録**されています。

琵琶湖の東側には、<u>近江盆地</u>があります。ここは米の生産がさかんです。その近辺に、織田信長がつくった安土城の跡があります。晴れていれば、琵琶湖を眺めることができますよ。

信楽焼は甲賀市の名産品

滋賀県の南のほうにある甲賀市にも触れておきます。地名はあまり出ませんが、<u>たぬき</u>の置物で有名な<u>信楽焼</u>の産地です。街のあちこちに、たぬきの置物がありますよ。

信楽焼のたぬき

「日本のはじまりの地」奈良県

奈良県の豆知識

日本神話には、初代天皇の神武天皇が、奈良県の橿原市で即位したということで、「日本のはじまりの地」と言われています。神武天皇のお墓とされている場所も橿原にあり、現在の天皇皇后両陛下は2019年11月に即位の礼と大嘗祭が終わったことを伝える儀式として、参拝されています。

東大寺の大仏がある県庁所在地・奈良市

まず、県庁所在地を確認しましょう。奈良市は、奈良県の中でもかなり北部に位置します。ここには、**聖武天皇がつくらせた**、**東大寺の大仏**があります。

じつは、都が置かれていたのは京都だけではありません。奈良時代は、710年からの数十年間を指すのですが、その数十年間のほとんどの期間では、奈良県に都があったのです。

▲聖武天皇がつくらせた東大寺の大仏
（Yama/ピクスタ）

金魚の養殖がさかんな大和郡山市

奈良市の南西にある**大和郡山市**では、**金魚の養殖**がさかんです。ここで多くの金魚が生まれ、育てられるそうです。夏の夜店で金魚すくいがあるでしょう。あれを見たら、「奈良県の

大和郡山市は金魚の養殖がさかん

大和郡山市から来たのかも」と思ってください。

注意してほしいのは「郡山」では×だということです。福島県に郡山という地名がありますが、金魚の養殖がさかんなのは、奈良県の「大和郡山市」です。

紀伊山地の吉野すぎは人工三大美林

地図を見ればわかると思いますが、奈良県の南部は、ほとんど山地です。**三重県、和歌山県にかけて広がっているのが紀伊山地**です。

ここでは、人工三大美林の1つである**吉野すぎ**がとれます。そして木が多くとれるからでしょう。**筆や墨**が伝統的工芸品としてつくられています。

奈良県

伊勢神宮と鈴鹿サーキットで有名な三重県

三重県の豆知識

伊勢神宮には「お伊勢参り（お蔭参り）」というものがあり、江戸時代には全国から多くの人々が参拝に訪れました。その参拝者たちにあんこ菓子を売って全国的に有名になったのが、かの有名な「赤福」という和菓子屋さんです。午前5時に伊勢神宮の参拝が可能になるので、赤福本店も午前5時から営業を開始します。夏場に売られる「赤福氷」も絶品ですよ。

四日市市は公害病も起こった石油化学工業の街

　北部から順番に見ていきましょう。まず、四日市市です。「文章のこの部分、市市になって間違っています！」と言わないでくださいね。四日市という場所なのです。だから市をつけると、四日市市。

四日市市は近畿地方だけど、中京工業地帯なんだね

　ここは、近畿地方にあたりますが、中京工業地帯に入るので、注意してください。四日市市は石油化学工業がさかんであり、四日市ぜんそくという公害病が起こったことでも有名です。原因物質は二酸化硫黄。大気汚染によって、咳がゴホゴホ出る人が増えました。

自動車の生産と鈴鹿サーキットで知られる鈴鹿市

　そのすぐ南に、鈴鹿市があります。ここは鈴鹿サーキットというF1などのレーシングコースがありますし、自動車の生産も活発です。本田技研工業（HONDA）の企業城下町なのですが、「本田市」にはなりませんでした。市側は市名を本田市へ変更しようと考えましたが、本田技研側がお断りしたそうです。

県庁所在地がある津市、松阪牛の松阪市

　三重の南のほうには県庁所在地の津市があります。三重県の津と滋賀県の大津は違うので、間違えないでくださいね。
　さらに南にある松阪市は、牛で有名ですね。ブランド牛の松阪牛です。

日本の神社のトップ、志摩半島にある伊勢神宮

そして志摩半島です。志摩半島の中には伊勢神宮があります。伊勢神宮の有名な建物は、20年に一度つくりかえられることを知っていますか？ なぜ20年ごとなのか。もちろん美しさを保ち、建造した当時のままの姿に近い形で残したいということもあります

▲20年に一度建て替えられる伊勢神宮
（y.uemura/ピクスタ）

が、20年に一度となると、早すぎるのでは？ と思いますよね。でも、50年おきではダメなのです。かと言って、5年や10年の短い期間ではお金がかかりすぎる。なぜ、20年が絶妙なのでしょうか？

それは、代々つくり方を伝えていくためという説があります。現在は晩婚化が進み、子どもができるのは30代以降という人が多いですが、昔は20代で子どもを産むのが一般的でした。つまり、世代の違いは20年程度です。ですから、20年に一度、建物をつくり直すと、次の世代にもつくり方を伝承することができるわけです。

真珠で有名な英虞湾

志摩半島の南部にある英虞湾は、世界で初めて真珠の養殖に成功した地です。御木本幸吉という人が成功させました。今でも、このミキモトさんの名前がついた真珠の会社が

真珠の養殖に世界で
初めて成功した御木本幸吉

あって、銀座にも大きなビルが建っています。

年間で 4000mm も雨が降る、尾鷲市

もう少し南に行くと、**尾鷲**市があります。尾鷲市は降水量が多いことで知られており、年間で4000mmくらい降るのです。なんと、東京都の2倍以上！ どうして、こんなに雨が降るのでしょうか？

地図を見て少し考えてみてください。
尾鷲市は海に面しているので、<u>南東の季節風</u>が吹きやすく、しかもすぐ後ろには<u>紀伊山地</u>が走っています。海からやってくる雨雲が紀伊山地にあたることで、雨が降りやすくなります。さらに、尾鷲市の北西に大台ヶ原山という高い山があるため、なおさら雨が降りやすいのです。

三重県

台風がやってくると、注意報や警報がニュースでよく繰り返されているのを見かけますよね。三重県付近に台風が接近してきたとき、尾鷲市はよく大雨洪水警報を発令されているので、注目してみてください。

関東で言うと、箱根や静岡県の伊豆地方も同じです。高い山があるところは雨が降りやすいのです。

その他の特徴としては、<u>人工三大美林</u>の1つ、<u>尾鷲ひのき</u>も覚えておきましょう。

日本の三大美林はこれ！

天然三大美林
- 青森（津軽）ひば（青森県）
- 秋田すぎ（秋田県）
- 木曽ひのき（長野県）

人工三大美林
- 天竜すぎ（静岡県）
- 尾鷲ひのき（三重県）
- 吉野すぎ（奈良県）

では、三重県に関する入試問題に挑戦してみましょう。

難関中学の過去問トライ！

表　三重県から県外への通勤者数

府県名	おもな通勤先市町村と通勤者数（人）		
岐阜県	海津市 350	大垣市 255	岐阜市 225
愛知県	名古屋市 24,638	弥富市 1,792	飛島村 988
滋賀県	甲賀市 839	草津市 171	大津市 147
大阪府	大阪市 4,463	東大阪市 490	八尾市 303
奈良県	奈良市 903	橿原市 429	宇陀市 332
和歌山県	新宮市 2,045	那智勝浦町 153	北山村 34

（平成22年国勢調査より）

表から、三重県が近畿地方ではなく東海地方に含まれる理由を説明できるとすれば、どのような説明が可能ですか。解答用紙のわく内で答えなさい。

（渋谷教育学園幕張）

三重県は近畿地方の中でも東にあり、中部地方に接しています。

でも、それだけでは解答になりません。表を参考にして書く必要があります。三重県から名古屋市に通勤している人は 24,638 人と圧倒的に多いことがわかります。

こういった**表を見るときには、明らかに目立つ数字に丸印をつける習慣をつけましょう。**

一方、同じ近畿地方の府県に通勤している人の数は、名古屋市ほど多くありません。このあたりをヒントに、解答を作成しましょう。

解答例

東海地方に含まれる愛知県に通勤している人の数が、近畿地方の府県に通勤している人より多い。ここから、東海地方との結びつきが強いと考えられるから。

豊かな自然に囲まれた和歌山県

和歌山県みなべ町の役場には、「建設課」「会計課」などの中に、「うめ課」という課があります。高級な梅である南高梅の生産地として知られるみなべ町だからこその部署でしょう。梅料理の案内があったり、梅の種飛ばし大会の告知もされていたりして、とてもユニークです。ちなみに梅の種飛ばし大会の優勝賞金は、30万円だそうです。挑戦しがいがありますね。

和歌山県を代表する3つの川（紀の川・有田川・熊野川）

和歌山県は、自然豊かな地です。その中でも重要な、3つの川を覚えてください。まず1つは県庁所在地であり、**鉄鋼業がさかんな和歌山市を流れている紀の川**（紀ノ川）です。

次に、**有田市などを流れている有田川**。このあたりでは、**みかん**の栽培がさかんです。生産量は和歌山県が**1位**です。和歌山県は、**梅**、**柿**の生産量も1位です。

最後に、**熊野川**（新宮川）です。世界遺産に登録されている熊野古道もこの近くにあります。

和歌山県

製材業がさかんで、川の河口に位置する新宮市

川の河口に位置する**新宮市**では、木材を集めて加工して売る**製材業**がさかんです。その理由には、熊野川が関係しています。

昔は、上流にある**紀伊山地**で木を採って、**いかだに組んで**この川に流して運んでいました。これは入試でも出題されたことがあります。その

伐採した木をいかだにして運んだ

名残で、現在でも製材業が主流なのです。

本州最南端・串本町の潮岬

本州最南端にある**潮岬**は、串本町にあります。ちなみに、ここから少し北にある太地町は捕鯨（くじらをとること）で有名な町で、くじらの博物館もあります。

「ナショナル・トラスト」に力を入れる天神崎

同じ紀伊半島にある**天神崎**は、**ナショナル・トラスト**が行われた土地です。

ナショナル・トラストについて、簡単に説明しておきますね。

イギリスで始まった運動で、**大切な自然や歴史的に重要な場所を、住民が自分たちで買い取って保存していこう**という試みのことです。日本で行われるナショナル・トラストは、住民たちが自然を守ろうとする動きがほとんどです。

天神崎はナショナル・トラストの先駆けになったんだね

このように、自然豊かな和歌山県では、第一次産業（農林水産業）の職についている人の割合が、他県よりも高くなっています。山地が多いのが一番の要因ですが、人口が集中していない分、第三次産業が発達しづらく、観光業でにぎわっているわけでもないので、そうなるのでしょう。

4章 中部地方

　今回は中部地方です。中部地方には、**愛知・静岡・山梨・長野・岐阜・福井・石川・富山・新潟**と、**9**つも県があります。

　中でも、福井・石川・富山・新潟は**北陸地方**とも言われます。雪が多いエリアですね。「地方の中に地方があるって、どういうこと？」と思われそうですが、いろいろな分け方があるということを知っておいてください。

　また、愛知・静岡・岐阜（・三重）は、**東海地方**と呼ばれることがあります。

　中部地方には、3つの山脈が走っています。
　北から、**飛騨山脈**（北アルプス）、**木曽山脈**（中央アルプス）、**赤石山脈**（南アルプス）です。リニア中央新幹線は、赤石山脈をくぐり抜けます。この3つを合わせて**日本アルプス**と言います。

　それにしても、どうして日本アルプスと呼ばれるようになったのでしょうか？ じつは明治時代に飛騨山脈を調査したイギリス人が、ヨーロッパのアルプス山脈にちなんで、この周辺を「日本アルプス」と紹介したからなのです。

世界三大恐竜博物館の1つがある福井県

福井県の豆知識

福井県が世界にほこるものと言えば何でしょうか？ メガネのフレームなど有名なものがありますが、一番は恐竜博物館だと思います。40体以上の恐竜全身骨格があり、世界三大恐竜博物館の1つと言われるほどです。実際に見てみると、圧倒的なスケールに驚かされます。もし福井県に行くことがあればぜひ訪れてみてください。近くには、福井県を代表する河川である九頭竜川も流れています。

原子力発電が多い若狭湾

リアス海岸である**若狭湾**に面したところに、**原子力発電所**が多く見られます。原発銀座と呼ばれることもあります。

原子力発電所と言うと、東日本大震災で事故が起きた福島第一原子力発電所が知られていますが、福井県にもたくさんあるのです。

福井県の旧国名「越前」がつく2つの名産品

他には、**鯖江市**で**メガネのフレーム**をつくっていることが有名です。

福井県の旧国名である「越前」という名のついた2つの名産品も、覚えておきましょう。**伝統的工芸品の越前和紙**と、「冬はやっぱりこれでしょう」と言われる**越前ガニ**です。わざわざ日本全国から、カニを食べに福井県を訪れる人も多いそうですよ。

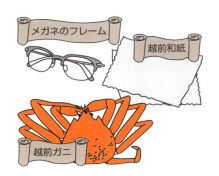

伝統的工芸品の宝庫、石川県

北陸新幹線が、石川県金沢市まで延伸されたのは、2015年3月14日のこと。私はその日に新幹線に乗り、東京駅から金沢駅に向かいました。駅に到着すると、多くのマスコミが待機しており、謎のゆるキャラ「ひゃくまんさん」もお出迎えしてくれました。全身に柄があしらわれているのですが、その中には、石川県のさまざまな伝統的工芸品をテーマにしたものも、含まれているそうです。

能登半島は伝統的工芸品の輪島塗りが有名

北部にある日本海側最大の半島を、**能登半島**と言います。

その北部に位置するのが**輪島市**です。**伝統的工芸品の輪島塗**という**漆器**がつくられています。原料のうるしは、うるしの木からとった樹液が

▲石川県の伝統的工芸品、輪島塗の漆器
（omizu/ピクスタ）

原料なのですが、最近はあまり日本で確保することができず、中国などから輸入する量が増えてきているそうです。日本ならではの伝統的工芸品をつくる際も、原料を外国に頼るような状態なのですね。

阿蘇でも出ましたが、**能登半島は2011年6月、伝統的な農業や文化風習・生物多様性の保全を目的に、国際連合食糧農業機関（FAO）が認定する「世界農業遺産」（GIAHS）に、選ばれました。**

とくに山の斜面につくられた棚田（千枚田）は、美しい風景で有名です。

2002年に始まったこの制度が、先進国の地域から認定されるのは初めてでした。ちょっと細かいのですが、入試で出題されたこともあるので、表にまとめておきますね。

▲能登半島の美しい千枚田の風景

場所	県名	認定年
能登の里山里海	石川県	2011年
トキと共生する佐渡の里山	新潟県	2011年
阿蘇の草原の維持と持続的農業	熊本県	2013年
静岡の茶草場農法	静岡県	2013年
クヌギ林とため池がつなぐ国東半島・宇佐の農林水産循環	大分県	2013年
清流長良川の鮎—里川における人と鮎のつながり—	岐阜県	2015年
みなべ・田辺の梅システム	和歌山県	2015年
高千穂郷・椎葉山の山間地農林業複合システム	宮崎県	2015年
持続可能な水田農業を支える「大崎耕土」の伝統的水管理システム	宮城県	2017年
静岡水わさびの伝統栽培—発祥の地が伝える人とわさびの歴史—	静岡県	2018年
にし阿波の傾斜地農耕システム	徳島県	2018年

北陸新幹線の終点・金沢市

　石川県の県庁所在地は、**金沢市**です。ここには、**日本三名園の１つである兼六園**があります。

　他の三名園と言えば？　**岡山市の後楽園**と**水戸市の偕楽園**ですね。

　金沢市には多くの観光客が訪れます。現在のところ、**北陸新幹線**の終点でもあるからでしょう。北陸新幹線は、今後まず福井県敦賀市まで伸び、その後には大阪府大阪市まで伸びる予定です。

石川県

金沢市の伝統的工芸品、九谷焼と加賀友禅

　金沢市の伝統的工芸品と言えば、**九谷焼**と**加賀友禅**です。
　九谷焼の発祥の地は金沢市ではなく、温泉地もある内陸部なのですが、金沢市の伝統的工芸品として覚えてしまってください。

▲金沢の九谷焼
（Happiness*／ピクスタ）

金沢の加賀友禅▶
（Akira.t／ピクスタ）

　金沢市はもともと城下町で、「**加賀百万石**」という言葉がありました。百万石とは、百万人の人が１年間お米を食べることができるくらい

の土地という意味です。それほどお米がとれるいい土地だったのです。

　もちろん、冬は雪で農業をするのが難しいので、1年に1回しか米づくりはできません。そういう土地を**単作地帯**と呼ぶことを前章でお話ししましたね。別名で**水田単作地帯**と言うこともあります。

黒部ダムや五箇山がある**富山県**

氷見の寒ブリは、ブランドとして全国的に有名です。私も大好きなのですが、寒ブリの最盛期は12〜1月。中学受験の直前期と重なってしまうので、なかなか現地まで食べに行くことができません。いつかは食べに行きたいな、と胸をふくらませています。

「越中富山の薬売り」で有名な富山市

　まず、県庁所在地の**富山市**から触れておきましょう。富山と言えば、**製薬業**が有名です。「**越中富山の薬売り**」という言葉があるように、薬とはなじみが深い土地です。越中とは、昔の富山付近の国名です。

富山県

　薬はどうやって売っていたと思いますか？　なんと、薬をかごに入れて背負い、家を一軒一軒ま

わっていたのです。今はあちこちにドラッグストアがありますが、大昔は違ったのですね。

神通川でイタイイタイ病が発生

富山市は、**神通川**の河口部分にあります。**神通川は四大公害病の１つである、イタイイタイ病が発生した川**としても知られています。原因物質の**カドミウム**が、岐阜県の神岡鉱山から流れてきました。

神通川に流れ出たカドミウムが田んぼにも広がり、お米に入り、それを食べてしまったことで、イタイイタイ病を発症する人が続出してしまったのです。

イタイイタイ病にかかるルート

これは、**公害の中でも水質汚濁と土壌汚染にあてはまります。**この公害の何が怖いかと言うと、カドミウムが入っていてもまったくわからないところです。これは公害病に限らず、食べ物全般に言えることです。売っている野菜を見るだけでは、農薬や悪い物質の量がどれくらいあるのかわかりませんよね。

明らかにわかるような毒が入っているならまだしも、そうそう自分で気づけるものではありません。そして知らないうちに身体がむしばまれていく…。こうなってしまっては困りますね。ですから、農協の検査や、食料品にかかわる法律が大切なのです。

2012年には、イタイイタイ病資料館も設立されました。富山県に行くことがあれば、訪れてみてくださいね。

土壌汚染については、汚染地域に指定された土地の上に、きれいな土を入れるという作業をしたそうです。2012年3月に、ようやくその工事が終わりました。

水力発電と原子力発電がさかんな中部地方

神通川の東側には、黒部川という川が流れています。黒部ダムが有名で、そこでは水力発電が行われています。

「中部地方は何発電がさかんですか？」と言われると、若狭湾の原子力発電と言いたくなりますが、水力発電も入試に出るかもしれないので、覚えておきましょう。

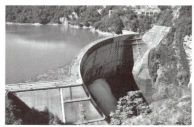
▲水力発電を行っている黒部ダム

それにしても、なぜ水力発電なのでしょう？

それは、飛騨山脈から流れてくる雪解け水によって、春から夏にかけて水量が豊富になるからです。

また、黒部川流域の扇状地では、客土をしていたことで有名です。客土とは、他のところから土を運び入れることです。石狩平野が有名なのですが、こちらでも行われています。

川の中に土を入れて、川がその土を運ぶようにすることを流水客土と言います。

富山県はチューリップと銅器が名産

富山は、**チューリップ**も有名で、県花になっています。砺波平野で数多く生産されています。

その北部の**高岡市**では、**銅器**の生産が活発です。

ちなみに、銅のもとになる銅鉱の輸入先1位はどの国なのか知っていますか？ 答えは、**チリ**です。南アメリカ大陸にある、南北に長い国ですね。

また、富山湾ではホタルイカが名物として知られています。

富山の名産・チューリップ

世界遺産の合掌造りが有名な白川郷

さらに南のほうの地域を紹介しましょう。

代表的なのは、**白川郷**と**五箇山**です。岐阜県と富山県の県境にあるのですが、岐阜県のほうが**白川郷**で、富山県のほうが**五箇山**です。**合掌造り**の建物が多く見られます。

なぜ合掌造りという名前かというと、手を合わせたような、かやぶき屋根が特徴的だからです。

白川郷と五箇山の合掌造り集落は、世界遺産に登録されているので、覚えておきましょう。

▲かやぶき屋根の合掌造り　　（俺の空/ピクスタ）

米どころの新潟県

新潟県の豆知識

新潟県は、越後山脈に水蒸気がぶつかって雪が降るので、豪雪地帯にあたります。明治時代には、日本で初めてスキーが紹介された場所としても有名です。上越市に行くと、「大日本スキー発祥之地」と書かれた石碑がありますよ。

新潟水俣病が発生した阿賀野川

まず県庁所在地は、政令指定都市でもある新潟市です。越後平野の中に位置しており、長野県から流れてきているのは、日本一長い川である信濃川です。その北には、福島県からやってくる阿賀野川という川があります。

新潟県

阿賀野川の流域は、四大公害病の1つである新潟水俣病が発生した場所です。原因物質は有機水銀です。熊本の水俣病と同じ原因物質なので、「新潟水俣病」や「第二水俣病」と呼ばれています。

暗きょ排水で米どころになった越後平野

越後平野は、もともと米をたくさんつくっていたわけではなく、いろいろな工夫をしたことで米どころになった地です。

代表的な改良点は、湿田を乾田に変えたことです。**稲作にはたくさんの水が必要なので、越後山脈から流れ出る**<u>雪解け水</u>**は貴重な存在**です。でも、水が多すぎると、今度は土地がじめじめしてきます。そこで、**必要に応じて乾かすことができる乾田にするため、地下にパイプを通して水を出す、**<u>暗きょ排水</u>**を行いました。**

　また、信濃川の水を分散させるための用水路である、大河津分水路もつくりました。

洋食器の燕市、刃物の三条市

　北のほうにある<u>燕市</u>**では**洋食器**、**三条市**は**刃物**が有名**です。

　このあたりには、新幹線の燕三条駅という駅があります。この駅名を決めるときは、燕と三条のどちらの名前にするかという論争が起こったそうです。結果的には、燕三条で落ち着きました。

　このことについては、新潟県出身で総理大臣にもなった田中角栄が仲介をしたと言われています。

世界最大級の発電ができる柏崎刈羽原子力発電所

　柏崎市には、柏崎刈羽原子力発電所があります。1つの発電所としては世界最大級の発電ができることで知られています。

　ただ、東日本大震災後に停止して以来、2020年段階では再稼働していません。

トキで有名な佐渡島

　次は<u>佐渡島</u>です。**佐渡島は**トキ**で有名な島**です。国内のトキは絶滅

してしまいましたが、中国からトキを譲り受け、繁殖させようと取り組まれています。

「トキと共生する佐渡の里山」は、国際連合食糧農業機関（FAO）が認定する「世界農業遺産」（GIAHS）に選ばれています。

▲佐渡島で繁殖中のトキ　（cranemania/ピクスタ）

大きな溝を意味する地形「フォッサマグナ」

佐渡島は、**佐渡金山**があったことでも有名です。

ここで、**フォッサマグナ**という地形の説明をしておきましょう。フォッサマグナとは「大きな溝」という意味の言葉で、ナウマン博士という人が名づけました。

新潟県の古い時代の岩石でできた、ほぼ南北方向の溝の中には、新しい時代の岩石がつまっています。

ナウマン博士は、**フォッサマグナの西を糸魚川―静岡構造線**、東を**直江津―平塚線**と考えました。西側の糸魚川はよく試験に出ますから、覚えてくださいね。

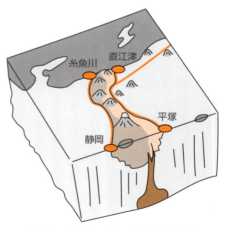
糸魚川―静岡構造線と直江津―平塚線

ちなみに**糸魚川ジオパーク**は、2009年8月に、日本で初めての「世界ジオパーク」に認定されています。

新潟県の伝統的工芸品「小千谷ちぢみ」と「十日町がすり」

最後に、新潟県の伝統的工芸品を2つ紹介します。
- **小千谷ちぢみ**（麻織物）
- **十日町がすり**（絹織物）

とくに、小千谷ちぢみは、**麻織物**であることが過去の入試で出ているので、覚えておきましょう。

山や川、自然に囲まれた岐阜県

岐阜県の豆知識

岐阜県に「日本の重心」があります。「中心」ではありませんよ。たとえば、日本人が全員同じ体重になってバランスをとったときにつり合う場所が、日本の重心ということになります。1995年に岐阜県郡上市が日本の重心になったため、「日本まん真ん中センター」という建物が22億円ほどかけて建てられました。ところが、その後人口が東京に集中したことで、重心が東に移って郡上市ではなくなってしまうという、なんだか微妙なことになってしまいました。せっかくつくった「日本まん真ん中センター」が、気の毒ですね…。

多治見市は陶磁器の街

まずは**県庁所在地**の**岐阜市**から見ていきましょう。岐阜市は、名古屋市に近く、あまり目立ちません。

次は**多治見市**です。ここは多治見市の南にある**愛知県**の**瀬戸**市とと

もに、陶磁器の生産がさかんな地です。

多治見市は、かつて40.9℃を記録した場所でもあります。「どうして日本最高気温が沖縄県ではないんだろう」と思うかもしれませんね。これには、岐阜県が山に囲まれていることが、大きく影響しています。

岐阜県

雲が山にぶつかったりすると、雨が降ります。そうすると、山を越えた風は、乾いた暖かい風になります。それが山を下るにつれて風の温度も上がっていくため、山を越えた場所の気温を上げているのです。これを**フェーン現象**と言います。この用語は覚えておきましょう。

揖斐川・長良川・木曽川の3つが木曽三川

鵜飼を知っていますか？鵜をあやつって、鮎などの魚をとる手法です。木曽三川の1つである長良川をはじめ、全国各地で行われています。

▲江戸時代に描かれた長良川の鵜飼

長良川が出てきたので、木曽三川を3つとも紹介しておきましょう。西から揖斐川、長良川、木曽川です。覚え方は、「いびきをかきながら、きそ問題を解く」。

この3つの川が集まる地域には、昔からよく洪水が起こっていました。そこで、**川沿いに堤防をつくって集落自体を囲むようにした**のです。そのような土地のことを**輪中**と言います。

輪中では、水が豊富に手に入るため、**稲作**が活発です。岐阜県や愛知県に広がる**濃尾平野**は、米どころの1つです。

堤防で集落を囲んだ輪中

モーニングと自動車工業が有名な 愛知県

名古屋市は、朝にコーヒーを頼むと、無料でトーストやゆで卵をつけてくれる喫茶店が数多くあります。じつは、名古屋市は、お客さんが喫茶店に使う金額が全国1位の都市です。喫茶店の店舗数自体も多いので、少しでもサービスをよくしてお客さんを集めようと、無料でトーストやゆで卵をつけることが当たり前になったのかもしれませんね。

豊田と言えば自動車工業の企業城下町

では、日本を代表する大企業を中心に発達した**企業城下町**から紹介していきましょう。どこだと思いますか？ **自動車工業**がさかんな**豊田**

市です。会社の名前が市の名前になるくらいですから、いかにトヨタ自動車がものすごい会社かがわかると思います。

豊田市で自動車をつくるには、鉄が必要です。では、その鉄は主にどこでつくられるのでしょうか？
それは海に面している**東海市**です。**鉄鋼業が活発な東海市**と覚えてください。茨城県の東海村とはまったく別の土地なので気をつけましょう。

会社の名前が市の名前にもなったんだ

東海市の北には、**県庁所在地の名古屋市**があります。**市町村別の人口は、横浜市・大阪市に次いで3位**です。東京23区を入れると4位になります。

西の知多半島、東の渥美半島

渥美半島のふもとの豊橋市。**豊橋市も、自動車工業で栄えている都市**です。豊田市ほどではありませんが、余裕があったら覚えておきましょう。

愛知県の南部には、2つの半島があります。

愛知県

西の半島が**知多半島**、東の半島が**渥美半島**です。

知多半島には常滑市という、タイルなどの焼き物の生産でにぎわう都市があります。そして、常滑市には中部国際空港があります。24時間離着陸可能な空港です。この空港ができてから、ずいぶん便利になりました。

知っておきたい電照菊のこと

渥美半島では、電照菊の栽培がさかんです。

記述問題で出題されると間違える人が多いので、ちょっとここで問題です。

電照菊とは、どのような菊でしょうか？

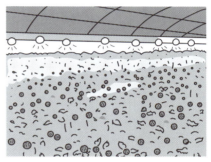

電照菊の栽培

「照明をあてて開花時期を調節している」と答えたあなた。正解です！でも、「照明をあてて開花時期を早めている」と答えてしまうと、不正解なのです。

「えっ!?」と思った人もいるでしょう。

菊は日照時間が短くなると、自然とつぼみをつけて開花します。ですから、照明を長時間あてると逆に開花しません。それで「花が咲くのはちょっと待って〜！」と言わんばかりに照明をあてて開花時期を遅らせているのです。

どうしてわざわざ電気代を払ってまで、開花時期を遅らせるのか？という疑問を持ったあなた。先を読む前に少し考えてみてください。

「はじめに」でも触れましたが、地理を学ぶ際に大切な考え方があります。それは「いかに儲けるか」ということです。

聞こえは悪いかもしれませんが、生産者たちは、いかに儲けるかを考えて、いろいろな工夫をしているのです。

高知県や宮崎県で野菜の促成栽培に力を入れているのも、冬や春に夏野菜をつくると高く売れるからです。そういった観点から、物事を考えるクセをつけるといいでしょう。

つまり、菊にも値段が高くなる時期があるのです。たとえば、お墓参りの季節になると、菊は売れますよね。お彼岸やお盆、お正月の飾りとしても使われます。そのような**高く売れる時期に開花するよう、電気をあてて時期を調節している**わけです。電気代を払う価値があるということですね。

迷ったら、
「いかに儲けるか視点」
で考えてみよう！

入試で記述問題が出されたとき「よくわからないな…」と思ったら、この「いかに儲けるか」という視点をもとに考えてみるといいですよ。

愛知県の名産はキャベツ、メロン

渥美半島は、他にもメロンの生産で有名です。また、渥美半島に限らず、**愛知県ではキャベツの生産が活発**に行われています。キャベツの生産量は、群馬県や愛知県が抜きん出ていると言われています。

また、2つの半島の間に位置する三河湾はうなぎの養殖をしていることで有名です。

愛知県の3つの用水路

愛知用水は木曽川から、明治用水は矢作川から、豊川用水はその名の通り豊川や天竜川の水系から、水を引いています。

西から3つ、覚えてください。**愛知用水**、**明治用水**、**豊川用水**です。

▲愛知県の3つの用水路

他によく出る用水は、香川用水（香川県）と安積疏水（福島県）です。こちらも、押さえておきましょう。

愛知県はよう業の生産額が日本一

最後に伝統的工芸品を紹介します。先ほどの岐阜県で出てきた多治見市のすぐ南にある瀬戸市です。ここでは、陶磁器の生産がさかんです。

また、もう1つポイントがあります。それは、**愛知県は、よう業の生産額**が日本一であるということ。あまり知られていませんが、自動車だけではないんですね。

ぶどう・桃が名産の山梨県

富士山を中心とする豊かな山が生み出す水は非常にきれいですね。山梨県は緑が多く、ミネラルウォーターの生産量が日本一の県です。ところで、富士山は山梨県と静岡県の県境にありますが、いったい山頂はどちらのものなのでしょうか？正解は…どちらでもありません。決まっていないのです。

扇状地がある甲府盆地

県庁所在地は、甲府市です。県の中央部に広がる**甲府盆地**では、**扇状地**が見られます。三角州ではないですよ。三角州は海に出るときにできるものですからね。**扇状地は、川が山地から平地に出てくるときに、土がたまってできる土地**のことを言います。

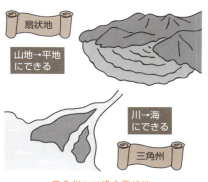

三角州とは違う扇状地

山梨県は、ぶどうと桃が生産量1位！

山梨県と言えば、果物で有名です。**ぶどう**、**桃**の生産量がどちらも1位です。

ぶどうの生産量は、果物全体の中でもりんごやみかんとともに上位に入るのですが、ぶどうはただ食べるだけではなく、他のものにもなっています。さて、それは何でしょう？

ヒントは、「あなたは飲んだことがないはずのもの」です。

　正解はワインです。フランスでは、ワインの原料となるぶどうを育てる畑がたくさん広がっています。日本ではフランスほどではないものの、ワイン用のぶどうも育てられています。中でも勝沼は、ぶどう畑（もちろん、桃畑もありますが）で有名です。

山梨県はぶどう、桃の生産量1位！

富士山は山梨県と静岡県の県境にある

　甲府盆地を通って、静岡県に流れていく川が**富士川**です。この富士川は三大急流の1つです。**山梨**県と**静岡**県の県境にある**富士山**も近くにありますよ。

山梨県

お茶の生産量が日本一の静岡県

静岡県の豆知識

熱海、伊東、修善寺といった有名な温泉地がたくさんある静岡県。熱海は、新幹線も通っている分、東京から気軽に足を運べる温泉地ですね。伊東温泉も、湯量が豊富で素晴らしい温泉地です。伊東に行ったらおすすめなのは「スイートハウスわかば」。地元の人気店で、ソフトクリームが絶品ですよ。

富士市は製紙・パルプ業がさかん

静岡県の**富士市**と富士宮市は、共通して**製紙・パルプ業**で繁栄しています。いったいなぜこの場所なのでしょうか？　それは昔の名残と言えます。富士川が流れているくらいですから、きれいな水が手に入りますよね。そして上流には富士山の周辺に森林があります。

静岡県

もともとそういった歴史があるから、現在も富士市では製紙業がさかんなのです。

木が必要なのはわかるけれど、どうしてきれいな水が必要なのでしょうか？　それは、昔は紙をつくるときには、木を薄く切って、水にさらす工程がある分、きれいな水でなければ成り立たなかったからです。

富士川の河口付近の海を田子ノ浦と言うのですが、ここは1960年代から1970年代にかけて、ヘドロによる公害が問題になったところです。高度経済成長期には、公害が全国各地で起こっており、製紙工場も公害を引き起こしていたのです。

オートバイの輸出が多い清水港

次は、貿易港でもある清水港を紹介します。輸出品目の上位には、二輪自動車があります。これはオートバイのこと。**静岡県は、オートバイ産業が始まった場所であり、清水港から多く輸出されています。**

さらに西に進むと、**県庁所在地の静岡市**があります。合併してかなり面積が広がり、政令指定都市にもなりました。

焼津港も押さえておきましょう。遠洋漁業の基地です。ここでは、まぐろやかつおが多く水揚げされています。

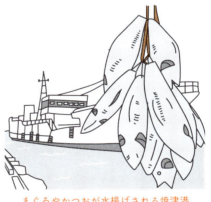

まぐろやかつおが水揚げされる焼津港

お茶の生産量が日本一の牧之原

地図で見たときに、ちょっとへこんでいるところは牧之原（牧ノ原）（台地）です。都市の名前は牧之原市ですが、台地の名前は牧之原でも牧ノ原でもかまいません。

牧之原と言えば、工芸作物である茶の生産がさかんです。静岡県は、茶の生産量が日本一ですからね。

牧之原台地を流れている川は**大井川**です。「**箱根八里は馬でも越すが越すに越されぬ大井川**」という言葉があるほど川幅が広いことで有名です。昔は橋もなかったので、川渡しというものがありました。

▲牧之原台地の茶畑　（桃栗三太/ピクスタ）

停止中の浜岡原発

牧之原市から南に行くと、御前崎市があります。ここには浜岡原発があり、東日本大震災をきっかけに、安全性に疑問を持たれるようになりました。もし南海トラフ地震が起きて、想定以上の津波が発生すると、大事故につながりかねないという理由からです。

そこで、当時の首相は浜岡原発の停止を中部電力に要請。その後は運転が停止されています。

楽器やオートバイが有名な浜松市

浜松市は、**楽器**と**オートバイ**が有名な**企業城下町**です。**ブラジル人が労働者として多く働いている**ことも押さえておきましょう。

うなぎと言えば浜名湖

長野県の**諏訪湖**から流れ出た**天竜川**も浜松市を流れ、その後は遠州灘に注ぎ込みます。また、近くにある**浜名湖**では**うなぎ**の養殖がさかんです。だから名物の「うなぎパイ」があるんですね。

ところが、**うなぎの養殖量１位は、じつは鹿児島県**です。まぎらわ

しいのですが、覚えておきましょう。

うなぎの養殖量1位は、静岡県じゃなく鹿児島県なんだよ

有名な善光寺がある長野県

長野県の豆知識

長野県は、味噌の生産量・消費量が日本一の県です。マルコメやハナマルキなど、味噌を生産している会社の多くは、長野県に本社を置いています。その他に、マツタケの収穫量も日本一です。

精密機械工業で栄えていた岡谷市、諏訪市

中央部に**諏訪湖**があります。岡谷市と諏訪市があって、どちらもかつては精密機械工業で栄えていました。**カメラ**や**時計**の生産で名をあげていたのです。

ところが、カメラや時計は、精密機械工業に分類されなくなりました。今では電子工業が活発になっています。

また、最近ではあまり試験に出ませんが、**明治時代から昭和時代の初期にかけては、製糸業**

長野県

109

がさかんでした。紙ではなく生糸のほうの製糸業です。念のため押さえておきましょう。

りんごとぶどうの生産量が2位

県で一番面積が広い松本市は城下町です。松本盆地と長野盆地はりんごの生産が有名。**長野県は、りんごとぶどうの生産がどちらも全国第2位**です。ちなみに1位はどこでしょう？　りんごは青森県、ぶどうは山梨県です。

長野市は善光寺の門前町として発展した街

県庁所在地の長野市には、善光寺というお寺があります。 ここは長野駅から比較的近いので、歩いて行くことができます。

▲長野の善光寺本堂　　（alps/ピクスタ）

長野市は、この善光寺を中心とした**門前町**として発展した都市で、近くにはそば屋さんがたくさんあります。長野県でとれるそばを「信州そば」と呼ぶことがあります。長野県はそばの生産量でも上位にランクインしているのです。

長野県はそば、りんご、ぶどうの生産量が上位

長野県と群馬県の県境にある浅間山

浅間山は長野県と群馬県の県境にある山で、たびたび噴火しています。その長野県側のふもとには、避暑地として有名な軽井沢があります。北陸新幹線も通っていますね。北陸新幹線はもともと長野駅までしたが、2015年に東京～金沢間が開通しました。

5章 関東地方

　今回は関東地方です。主に群馬県と新潟県の県境を走っているのが越後山脈、山梨県・長野県との県境を主に走っているのが関東山地です。位置を確認してみましょう。入試では山地、山脈の場所を書き入れる問題や、関東地方の海岸線を書かせる問題が出されたりしたこともあります。

　ところで、なぜ「関東地方」と言うのか知っているでしょうか？

　関東や関西など、「関」に関係がありそうだと考えた人は鋭いですね。いくつかの関所の東側だから「関東」と言うのです。たとえば箱根の関所より東と考えれば、静岡県は関東地方ではありませんし、神奈川県は関東地方です。こうして名前の由来を調べておくと、おもしろい発見がありますよ。

　関東地方は、人口別でトップの地域です。4300万人以上の人が住んでおり、これは日本の全人口の３分の１以上になります。そうは言っても、関東地方にも過疎地はありますし、東京都内でも過疎化が進んでいる地域もあります。奥多摩町など、豊かな自然が広がる地域もあるので、本当にさまざまです。

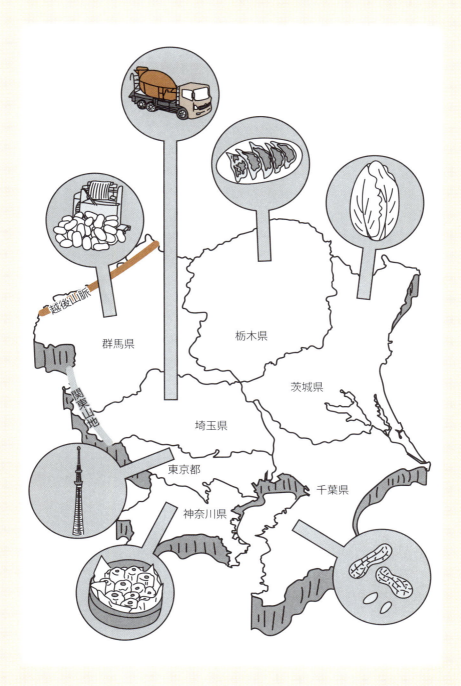

113

政治・経済・文化の中心地である東京都

東京都の豆知識

墨田区にある東京スカイツリーの高さは**634メートル**です。東京がかつて武蔵国(むさしのくに)であったことから、「むさし」を数字にして634メートルとなったことは知っていますか？ 港区にある東京タワーは、高さが333メートルです。どちらも観光のことばかりがクローズアップされていますが、電波塔としての役割があるため、高くする必要があるのです。

印刷業が発達した、政治・経済・文化の中心地

東京都は**印刷業**がさかんです。東京都の千代田区には国会議事堂や首相官邸が置かれており、政治の中心地でもあります。それだけではなく、1200万人以上が暮らす日本一の人口をほこります。**政治・経済・文化**の中心地である分、**情報**も集まってきますね。そのため、**出版社や新聞社も多く、印刷業が活発**なのです。

多くの人が集まることで印刷業も活発になったんだね

池袋(いけぶくろ)、新宿(しんじゅく)、渋谷(しぶや)などの駅を、ターミナル駅と言います。いろいろな路線がターミナル駅から出ているので、たくさんの人が集まってきます。**新宿(しんじゅく)区には都庁があることでも有名**ですね。

都心に起きているドーナツ化現象

　東京都の都心部は土地代が高いので、住むのも大変です。たとえば地方の場合、ワンルームマンションなら月3万円か4万円でも十分住めますが、東京都では月10万円以上するところもあります。家賃が2倍以上であることが当たり前です。

　それだけ**地価が高い**となると、働いている会社は東京都にあっても、少し離れたところに安く住んだほうがいいと言う人もいます。東京都は環境があまりよくないという声もあります。

　京浜工業地帯にある工場からは、煙がもくもく上がっていて、光化学スモッグ注意報が出ることもあるからです。そういった理由があって、**埼玉県や千葉県、東京都の多摩地区**など、東京都の周辺部に住む人が増えていきました。このような現象を**ドーナツ化現象**と言います。

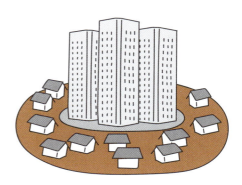
ドーナツ化現象

　中心部がぽっかり空いているので、ドーナツのようだというたとえからです。

　一方、バブルが崩壊してからは、東京都の地価が下がり、都心回帰現象が起こりました。都心から離れたところに人が増えていた流れが変わって、都心に人がたくさん住むようになってきたのです。

東京オリンピックの選手村がつくられた晴海あたりには、高層マンションがたくさん建ちました。

国際空港になった羽田空港（東京国際空港）

東京都と神奈川県の県境を流れている川は多摩川です。この多摩川の河口部分にある施設と言えば、何でしょうか？

答えは、**羽田空港（東京国際空港）**です。

羽田空港は、もともと国内線が多く発着する空港でした。ただ、最近では国際線の便も増えています。羽田空港からハワイやパリに行くこともできるようになり、航空路の中継点となるハブ空港としての役割も果たしています。

▲国際化した羽田空港　　（sapphire/ピクスタ）

国際線のターミナルも、とてもきれいになりました。以前は地方空港よりも貧弱で「えっ!? これが国際線!?」と思うくらいのターミナルだったのです。

東京都を流れる川を、あと2つ覚えておきましょう。

まずは、**江戸川**です。利根川の分流で、**東京都と千葉県の県境を流れ、東京湾に注ぎ込みます。**もう

東京都

1つは荒川です。荒川は県境を流れる川ではありません。秩父盆地を流れ、埼玉県から東京都に入り、東京湾に注ぎます。

最後に多摩川の水をとり入れた玉川上水を紹介します。江戸時代に築かれ、江戸の中心部に飲み水などを供給しました。

全国で唯一、政令指定都市が3つある神奈川県

神奈川県と言えば、シュウマイ…じゃなくて、シウマイです。シュウマイでもシューマイでもなく、シウマイだそうです。崎陽軒というお店の焼売は、「うまい」という言葉とかけてシウマイになったという説があります。神奈川県は、1世帯あたりの焼売の消費額が日本一です。横浜には中華街もありますし、神奈川県に行った際は、ぜひおいしい中華料理を味わってみてください。

神奈川県の3つの政令指定都市

神奈川県の都市を見ていきましょう。まずは3つの政令指定都市です。川崎市は、京浜工業地帯の中心的な都市であり、鉄鋼業と石油化学工業が栄えています。

この2つがどちらもさかんな都市に、岡山県倉敷市（水島地区）と大分県大分市があります。川崎

鉄鋼業と石油化学工業と言えば川崎、倉敷、大分と覚えよう

市、倉敷市、大分市、この3つはセットで覚えましょう。

横浜市は、神奈川県の県庁所在地です。横浜市には貿易港として発展してきた横浜港があります。人口300万人以上の大都市であるということが重要です。

そして、リニア中央新幹線の駅が建設される予定の相模原市も大きな市ですね。神奈川県は、全国で唯一、政令指定都市が3つある県なのです。

自動車工業と造船業が多い横須賀市

工業都市の話に戻すと、南にある横須賀市では、自動車工業と造船業が活発です。ここには米軍基地がありますね。米軍基地や、かつて軍事基地があった地では、造船業が発達していることが多いのです。

他には、長崎県の佐世保市が挙げられます。米軍基地はないものの、もともと軍艦をつくっていた長崎市なども造船業でにぎわっています。

また、昔は軍港があり、現在は自衛隊の基地が置かれている広島県の呉市などもあります。

小田原市はかまぼこが有名

神奈川県を流れる相模川の河口から、相模湾沿いに西に向かうと小田原市があります。もともと城下町だったので、小田原城が建っていることでも知られています。

現在は水産加工が活発な地なのですが、中でも有名な食べ物は何でしょうか？ 正解は**かまぼこ**です。かまぼこは、魚を原料にした練りものです。

神奈川県

　小田原市からさらに進むと、温泉地で有名な箱根町があります。毎年1月に大学駅伝が行われている箱根町には、かつて**関所**がありました。

　また、伝統的工芸品の箱根寄木細工が有名です。

▲箱根寄木細工　　　（tamu1500/ピクスタ）

三浦だいこんが有名な神奈川県の近郊農業

　少し戻って、神奈川県の南東部に位置する三浦半島では野菜の生産が活発です。**東京都や横浜市といった大都市に近いので、近郊農業と呼ばれています。**とくに有名な野菜は、三浦だいこんです。

　三浦半島の先にある三崎港は、遠洋漁業の基地です。「海鮮三崎港」という回転寿司屋さんの名前にもなっていますね。

119

近郊農業や化学工業がさかんな千葉県

千葉県の豆知識

千葉県と言えば、ディズニーランドです。テーマパーク収入額は、千葉県が日本一です。国土地理院のホームページで見られる、地理院地図でディズニーランドのあたりを見てみると、おもしろいですよ。園内の地形が、とても忠実に描かれているのです。「あ、これはジャングルクルーズだな」「ここはトム・ソーヤ島だろうな」「この形の建物はスペースマウンテンだな」とわかります。ぜひ一度地図を見てみてください。

安房国・上総国・下総国からできた房総半島

まず、千葉県にある大きな半島から説明していきましょう。

1つ目は、**房総半島**です。なぜ、房総と言うのでしょうか。**昔、現在の千葉県の南の地域は安房国、真ん中の地域は上総国、その北の地域は下総国**でした。安房と上総（下総）から1文字ずつとって房総になったのです。暴走半島じゃありませんよ。

なぜ下総が北（上）にあって、上総が南（下）にあるのか？　その理由を知らなかった人は「あれ？」と疑問に思ってほしいところです。

これは昔、都である京都を中心に、国の名前を決めていたことが理由です。

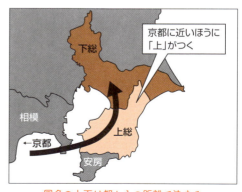

国名の上下は都からの距離で決まる

たとえば、陸奥国、陸中国、陸前国と名前がつけられた東北地方沿岸のリアス海岸、三陸海岸があります。陸奥国は、だいたい現在の青森県、陸中国は岩手県、陸前国は宮城県にあたります。遠い青森は奥、近い宮城は前、真ん中の岩手は中といったように、京都からの距離感で決められていきました。

相模国（現在の神奈川県）から海路を通れば、すぐに上総国があります。ですから、上総のほうが京都から近かったのです。

ねぎ、ほうれんそう、らっかせいなどの近郊農業がさかん

房総半島と言えば、**近郊農業**で有名です。**ねぎ、ほうれんそう、らっかせい**などの生産が多いので、この3つは千葉県を代表する作物として覚えましょう。

また、ふなっしーから連想できそうな**日本なし**の生産もさかんです。これらの作物は近年、千葉県が1位となっています。他にも、にんじんやびわの生産量が上位に来ています。

太平洋に面している県の東側には、**九十九里浜**が広がっています。日本を代表する**砂浜海岸**です。昔はいわしの地引き網が行われていました。

いわしの地引き網

京葉工業地域では化学工業がさかん

千葉県には東京湾に面している工業がさかんな都市が3つあります。北から解説していきましょう。まず、**県庁所在地でもある千葉市は、**

鉄鋼業が活発です。

次は市原市です。ここは石油化学工業が栄えています。

そして3つ目の君津市は、鉄鋼業がさかんです。八幡製鉄所の機能が、君津市にある程度移されたことでも話題になりました。

これらの都市が含まれる工業地域は、京葉工業地域と呼ばれており、化学工業の割合がかなり大きいことが最大の特徴です。生産額のうち、その割合は40％程度を占めています。

京葉工業地域の次に化学工業がさかんなのは、瀬戸内工業地域です。それでも20〜25％ぐらいなので、京葉工業地域がいかに化学工業中心の工業地帯であるかがわかりますね。

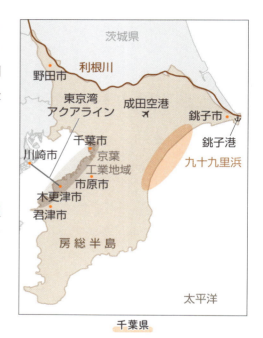

千葉県

千葉県と神奈川県を結ぶ、東京湾アクアライン

神奈川県川崎市と千葉県木更津市を結んでいるのは、東京湾アクアラインです。半分はトンネルですが、神奈川側のほうがトンネルで、海ほたるという休憩所から先の千葉側は橋になっています。

では、ここで入試問題に挑戦してみましょう。

難関中学の過去問トライ！

東京湾横断道路および連絡道（以下、東京湾アクアライン）は、神奈川県川崎市と千葉県木更津市を結んでいます。東京湾アクアラインが開通した後、木更津市は、とくに働く世代の転入が増加し、ベッドタウン化が進んでいます。それはなぜですか。

（東洋英和女学院）

神奈川県川崎市は大都市ですし、横浜市や東京23区に行くにも便利です。川崎市の地価は、千葉県木更津市と比べれば高くなっています。木更津市なら、土地が比較的安価である分、一軒家を建てたいファミリー層に支持されそうです。

東京湾アクアラインが開通したことで、神奈川県や東京都に行きやすくなりました。県庁所在地の千葉市に通勤できる範囲でもあり、便利な場所として注目されたという背景もあります。

交通網が整備されると人口が増えるんだね

解答例

川崎市をはじめ、東京都心や横浜市など大都市へのアクセスがよくなったから。

東京湾アクアラインは有料道路ですから、ETCを利用しても片道800円ほどかかります。決して安い料金ではありませんね。それでも、交通網が整備される影響は大きいものです。

たとえば、柏市や流山市は、つくばエクスプレスの開通で便利になったことで人口が増えました。

野田市、銚子市はしょうゆの生産が有名

他に覚えるべき都市を見ていきましょう。

内陸にある野田市や、太平洋に面している**銚子市**では、**しょうゆ**の生産がさかんです。銚子港は、近年漁港別水揚げ量が全国1位となっており、**沖合漁業の基地**として知られています。

また、野田市、銚子市には利根川が流れています。**利根川は流域面積第1位、長さも信濃川に次いで第2位**です。千葉県と茨城県の県境を流れて太平洋に注いでいます。

野田市、銚子市と言えばしょうゆ

国際線で使われる成田国際空港

最後に**内陸部にある成田国際空港**の話をしておきましょう。**成田国際空港は、集積回路（半導体）の輸出入**が多くなっています。

航空機で運ぶ分、**小さくて価値のあるもの**が多くなります。

成田空港は、主に国際線が多く行き交う空港として使われています。

はくさい・ピーマン・メロンの生産量が日本一の茨城県

茨城県は、都道府県魅力度ランキングで最下位を取り続けるという不名誉な記録をつくってしまいました。でも、水戸市の偕楽園、鹿島神宮など大きな神社、観光名所がたくさんあります。他にも、名産品であるメロンをくりぬいてつくったメロンソーダやアンコウ鍋もあって、魅力的な地です。もっと情報を発信すれば、これから観光客が増えて、魅力度ランキングも上がっていくはずだと、ひそかに思っています。

鹿嶋市と鹿島臨海工業地域

まずは、茨城県の覚えるべき都市から見ていきましょう。

まず南部の**鹿嶋市**では、古くから**鉄鋼業**が発達してきました。さらにその南にある神栖市では石油化学工業がさかんです。**このあたりの工業がさかんな地域のことを鹿島臨海工業地域と言います。**こちらの「鹿島」は「鹿嶋」と漢字が違うので、気をつけてください。

鹿島臨海工業地域は、掘り込み港が見られることでも有名です。

では、なぜここに掘り込み港をつくらなければならなかったのでしょうか？ それは、このあたりが**砂浜海岸**だからです。

砂浜海岸には、港はつくれません。砂浜にタンカーがやってきて、石油をおろせると思いますか？

危ないですよね。足元が安定しないうえ、水深が浅いから大きな船

125

が入ってこられないのです。

　ですから、その砂浜部分を掘り込んでいきます。これはＹ字型掘り込み港とも言いますが、右図を見ると、ちょうどＹの形になっていますよね。そこに水を通して港にします。そうすると、荷物の積みおろしもできるわけです。

Ｙ字型掘り込み港

日本三名園の１つ、偕楽園がある水戸市

　県庁所在地の**水戸市**は、少し内陸部にあります。**水戸と言えば、日本三名園の１つの偕楽園**がありますね。ここは**梅**の花が有名です。他に、水戸市は納豆が有名です。

▲偕楽園の梅林　　（おはぎさん／ピクスタ）

　日立市は、**電気機器**の生産がさかんな企業城下町です。日立製作所の創業の場所でもあります。

日本初の原子力発電所ができた東海村

　水戸市と日立市の間に、**東海村**があります。中京工業地帯の東海市とは違うので気をつけましょう。

　ここは**日本で初めて原子力発電所**がつくられた場所です。1999 年

には事故が起きてしまい、死者も出ました。原子力発電は一度に多く発電できるという利点がある一方、事故が起きて放射性物質が外に出てしまうと、人体や土地に大きな影響を与えてしまうというマイナス面もあります。

他にも、発電量に対して費用が安いと思われていたのですが、実際には廃炉にたくさんのお金がかかるといった、費用におけるマイナス面も指摘されています。

滋賀県の琵琶湖に次いで面積が広い湖である**霞ヶ浦**付近や利根川流域は、土地が低くて湿地である**水郷地帯**となっています。そして、このあたりでつくられる、**台風が来る前に収穫する米のことを早場米**と言います。

茨城県は、稲作だけではありません。野菜の生産も活発です。**はくさい、ピーマン、メロンの生産量が日本一**です。レタスなど、上位に入っている品目も多くあります。これは千葉県と同様に、大都市から近いことを生かした**近郊農業**がさかんだからです。

「関東地方の中では、米と野菜をたくさんつくる茨城県」と覚えておきましょう。

茨城県

都心のベッドタウン・埼玉県

秩父の観光地化が進んでいます。関東地方に住んでいたら、「♪ちちんぶいぶい、ちちんぶいぶい」というCMを見たことがある人もいるでしょう。特急電車に乗れば、池袋から1時間半くらいで行けますし、温泉もあります。アニメや映画の舞台になったこともあり、観光客が増加しているそうです。

昼間に人が少ない埼玉県

埼玉県の県庁所在地は、**さいたま市**です。ここは浦和、与野、大宮の各市が合併してできていて、その後岩槻市も編入されました。埼玉市ではなく、ひらがなで、「さいたま市」ですから気をつけましょう。

埼玉県

埼玉県に住んで、そこから東京都に出勤する人も多くいるため、**ベッドタウン**と呼ばれている都市が多く見られます。なぜ東京に会社があるのに埼玉県に住むのでしょうか。

主な理由は、115ページでも説明したように、東京都に比べて**土地が安いから**です。東京都よりも生活環境がいいという理由もあります。

東京都は大気汚染や、光化学スモッグ、ゴミ問題などがありますが、それに比べると埼玉県のほうが環境がよいと考えられています。

ちなみに、**埼玉県は市の数が日本一です。人口も関東地方の中では、東京都、神奈川県に次いで多くなっており、700万人以上**をほこります。このうち数十万人が、通勤・通学のために東京都や別の県へ移動するので、昼夜間人口比率（昼の人口÷夜の人口×100）は90を切っています。それだけ、昼には人がいないということです。

セメント業が有名な秩父市

埼玉県で覚えてほしい都市は、他に２つあります。
盆地の中に位置する秩父市。ここでは、セメント業が有名です。荒川が流れており、東京湾まで注いでいます。
もう１つは、**茶の生産で有名な狭山市**です。

最後に、埼玉県はねぎやほうれんそうの生産がさかんであることも、押さえておきたいポイントです。

「とちおとめ」や日光東照宮で知られる栃木県

栃木県と言えば、宇都宮のぎょうざが有名です。宇都宮駅の駅前には「餃子像」というものまであります。なぜ栃木県でぎょうざが広まるようになったか知っていますか？ 時は太平洋戦争時までさかのぼります。中国東北部の満州に派遣されていた陸軍が、戦後、宇都宮に戻ってきた際に、現地で食べられていたぎょうざを広めたのが発祥と言われているのです。食に歴史ありですね。

世界遺産の日光東照宮がある日光市

ぎょうざで有名な県庁所在地の宇都宮市以外に覚えるべき都市は、栃木県でもっとも面積が広い日光市です。**徳川家康**がまつられている**日光東照宮**は、世界遺産に登録されています。

▲栃木の世界遺産「日光東照宮」　（gandhi/ピクスタ）

足尾銅山鉱毒事件で知られる渡良瀬川

利根川の支流のうち、覚えてほしい川が2つあります。

1つは、**鬼怒川**です。鬼怒川温泉という有名な温泉地もあり、文字通り、川に沿って温泉街が続いています。

もう1つは、**渡良瀬川**です。流域に昔の足尾町、現在の日光市があります。ここでは**足尾銅山鉱毒事件**が起こりました。

明治時代、田中正造が公害問題として天皇にまで直接訴えようとしましたが、失敗。それでも公害問題を世に問おうとした田中正造の名は、現在でも語り継がれています。

▲足尾銅山の公害問題を天皇に直訴した田中正造

生産量が日本一のかんぴょうといちご

栃木県は**かんぴょう、いちご**の生産量が日本一です。

かんぴょうを知っていますか？ゆうがおの実からつくられる食べ物で、お寿司の巻物に使われていて、ちょっと甘い…。まぁ、一度食べてみてください。

いちごの生産量が1位であるのは有名ですよね。**栃木県で有名ないちごの銘柄は「とちおとめ」**です。

栃木県

宇都宮から東に行くと、伝統的工芸品の**益子焼**(ましこやき)の産地があります。

世界遺産の富岡製糸場やこんにゃくいもで有名な群馬県

群馬県の豆知識

ヘリテイジ仮面を知っていますか？ いや、知らなくても問題ありません。富岡製糸場(とみおかせいしじょう)が世界遺産への登録を目指しているときにつくられたキャラクターです。実際に世界遺産に登録された年に、私は富岡製糸場(とみおかせいしじょう)でヘリテイジ仮面と会い、ツーショット写真を撮りました。いい思い出です。ただ、最近は観光客が伸び悩んでいることもあってか、出番が減ってしまったようです。最近はめったに見かけません。少しさびしい気もします。

関東内陸工業地域の重要都市、太田市

まずは**自動車の生産**がさかんな**企業城下町**の**太田市**から見ていきましょう。そもそも、なぜ海からかなり離れている内陸部の街なのに、自動車の生産が活発なのでしょうか？ これには長い歴史があります。

群馬県

太田市は、戦前には航空機の生産拠点として、陸軍や海軍からも多くの注文を受けていました。飛行機の街として有名だったのです。

だからこそ、戦争末期にはたびたび空襲を受けました。戦争が終わったことで、飛行機産業も終わりを迎えます。しかし、せっかく飛行機をつくる技術力も、広い土地もあるので、何とか使えないかと自動車生産が発展したわけです。

太田市は、群馬県、栃木県、埼玉県を中心とした**関東内陸工業地域**の中でも、とくに覚えておくべき都市です。**ブラジル人**が多く働いていることでも知られています。

富岡製糸場は世界文化遺産

もう1つ、群馬県の工業には、歴史と関係する非常に重要な出来事

があります。

　それは、1872年に、フランスの技術を導入してつくられた**富岡製糸場**が、2014年にユネスコの**世界文化遺産**に登録されたことです。これは必ず覚えておきましょう。

▲群馬県の世界遺産・富岡製糸場　（masa/ピクスタ）

　少しマニアックなところもありますが、他の都市についても取り上げます。
　絹織物で有名なのは、桐生市や伊勢崎市です。桐生織や伊勢崎がすりで知られています。**とくに桐生は、「西の西陣、東の桐生」と呼ばれるくらい有名で**、明治時代の途中までは日本を支える産業でもありました。

　県庁所在地のある**前橋市**と、人口の多い**高崎市**は、どちらも電気機器の生産が活発な地です。高崎駅は、上越新幹線と北陸新幹線の分岐点です。県庁所在地の前橋市より、高崎市の人口のほうが多いのが特徴的とも言えます。

高冷地農業が行われている嬬恋村

　浅間山は、**群馬県と長野県**の県境にあります。長野県には軽井沢があるのですが、群馬県側のふもとに位置する有名な村を知っていますか？
　嬬恋村です。高原野菜をつくる**高冷地農業**がさかんな場所としても知られています。高冷地農業は、群馬県の嬬恋村の他に、**長野県**の**野**

辺山原と菅平などがあります。

ちなみに高原野菜は、一般的に**葉の野菜**のことを指します。

夏に他の地域で生産されにくい葉の野菜を、高原のすずしい気候を利用して生産して売ることで、利益を出そうとしているのです。

ただ、あまりにも豊作になると、値段が下がってしまいます。すると、売っても売っても利益を出せない豊作貧乏になって、野菜をつぶしてしまうことも…。バランスよくつくるのは、なかなか難しいものですね。

▲嬬恋村のキャベツ畑　　（ほそやん/ピクスタ）

こんにゃくいもが有名な下仁田町

下仁田町は工芸作物の**こんにゃくいも**の産地として知られています。群馬県は、こんにゃくいもの生産が、全国でダントツ1位です。

では、おさらいです。工場で加工される工芸作物と言えば、他にどんなものがありますか？ 思い出してみましょう。

答えは、さとうきび、茶、いぐさ、てんさい。他にも、和紙の原料になる、こうぞ、みつまたなどがありますね。

6章　東北地方

　今回は東北地方です。地図を見ると、まず南北に走っている山脈が目立ちます。奥羽山脈です。

　奥羽山脈が、東北地方の背骨と言われる理由がわかりますか？ 東北地方がちょうど背中だとすると、真ん中を走っているからです。

　秋田県を走る出羽山地、岩手県を走る北上高地（北上山地）、主に福島県に属している阿武隈高地も、一緒に覚えておきましょう。

　ところで東北地方の方言が聞き取りにくいという話を聞いたことはありませんか？

「なんぼほんずねぇな」という津軽弁の意味は「とても常識がないですね」。方言を知らない人が聞いたら、面と向かって言われても、わからなくてニコニコしてしまいそうです。

　秋田県能代市のホームページに、独特の方言が発達した理由について、東北地方は冬にたくさんの雪が降る寒冷地であるため、寒い中で人と話すときには、口を小さく、短い言葉で意思を疎通させなくてはいけない状況だった。それで、独特のイントネーションも誕生した、というような説明があります。

　本当なのかはわかりませんが、なんとなくイメージはできますね。

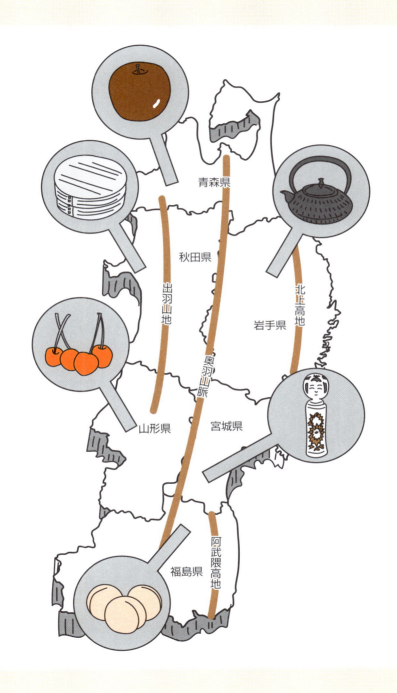

りんごの生産量が日本一の青森県

青森県の豆知識

青森と言えば、まっさきにりんごが思い浮かびますが、じつはりんご以外にも生産量が日本一の農作物があります。何だかわかりますか？　正解は、にんにくとごぼうです。銀座にある青森県のアンテナショップに行ったら、店の軒先にのれんのように、にんにくがぶら下がっていました。にんにくもごぼうも、地中にできる農作物です。寒い地方では、土の中でできる野菜の栽培が発達しています。土の中は暖かいからかもしれませんね。

ねぶた祭りで有名な青森市

県庁所在地の青森市では、夏に東北三大祭りの1つである、ねぶた祭りが行われます。よくテレビやニュースでも取り上げられていますね。

続いて**八戸市**は、とくに**いか**の水揚げ量が多い漁港があることで有名です。

▲ねぶた祭りの山車
（画像提供：(公社)青森観光コンベンション協会）

津軽半島はりんごの生産量日本一

青森県には2つの半島があります。まずは、西の**津軽半島**から説明しましょう。

もちろん**青森県は、りんごの生産量日本一**です。その青森県の中で

も、とくに**りんご**の生産がさかんな津軽平野には、岩木川が流れています。弘前市は、津軽平野の中心都市にあたります。

また、津軽半島と北海道は**青函トンネル**で結ばれています。**青森**と**函館**から1文字ずつ取って**青函トンネル**という名前がつけられました。間の海は**津軽海峡**です。「津軽海峡冬景色」という演歌のタイトルにもなっています。

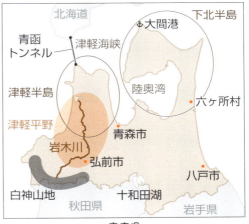

青森県

核燃料再処理施設がある下北半島

次は東の**下北半島**です。核燃料再処理施設のある六ヶ所村があります。核燃料をリサイクルするわけですから、いくら安全と言われても不安になる人もいそうですよね。

では、いったいなぜ、六ヶ所村はこの施設をつくることを受け入れたのでしょうか？

施設を受け入れると雇用が生まれ、村が活性化すると考えたのでしょう。施設で働く人やその家族も住むことになるので、その人たち

を相手にしたお店もできますよね。

また、電力会社が施設をつくってくれたり、国からいろいろな補助金がもらえたりするかもしれません。

これは沖縄県に多い米軍基地についても言えることですが、基地の県外移設や国外移設を求める声が多い中でも、自分が住む地域に基地があったほうがいいと言う人もいます。その理由は、雇用にかかわることが多いのです。米軍の兵士やその家族がいることで、お店が儲かったりすることもあるわけですから。

もちろん、核燃料再処理施設も米軍基地も、危険性はあるわけですから、何が正しいのかは言い切れません。なかなか難しい問題ではありますよね。

大間のまぐろと陸奥湾のほたてが有名

下北半島の先の大間港は、まぐろの水揚げ量が多いことで知られています。**津軽海峡でとれるまぐろはとてもおいしく、高い値段がつくこともあります。**

年明けになると、東京都の豊洲市場に運ばれた大間産のまぐろがせりにかけられて、1億円以上の値段がついている様子がニュースになります。ただ、これはまぐろ自体の価値

大間のまぐろと陸奥湾のほたて

だけで１億円以上というわけではなく、宣伝効果を狙って高い値段をつけるお寿司屋さんがいるからなんですけどね。

　津軽半島と下北半島の間にある湾が、**陸奥湾**です。ほたて貝の養殖がさかんです。ほたて貝の養殖は、青森県と北海道が上位となっています。**青森県では陸奥湾、北海道ではサロマ湖**と覚えておきましょう。

ぶなの原生林、世界遺産の白神山地がある

　青森の湖と言えば、**十和田湖**です。**カルデラ湖**としても知られる十和田湖は、有名な観光地でもあります。

　最後に、**青森県と秋田県**の県境に広がる、入試頻出の山地の話をしておきましょう。**世界遺産に登録されている、白神山地**です。ここでは**ぶなの原生林**が広がっています。

　青森県と言えば、**天然三大美林の１つ、津軽ひば**が有名ですが、白神山地はぶなの原生林です。間違えないようにしたいですね。

　ちなみに、日本で世界自然遺産に登録されている地は４つしかありません。北から、知床、白神山地、そして屋久島、小笠原諸島です。これらも、覚えておきましょう。

「あきたこまち」、竿燈で有名な秋田県

「クニマス」を知っていますか？ かつて秋田県の田沢湖のみに生息していると考えられていた魚です。水質が強い酸性になってしまったため、絶滅したと考えられていました。ところが、2010年に山梨県の西湖で発見されました。現在では、山梨県で発見されたクニマスを田沢湖に戻すために、田沢湖の水を中和させる取り組みを行っています。

大館曲げわっぱが有名

まず**白神山地**のすぐ南を流れているのは、**米代川**です。河口に広がっているのは能代平野です。上流では**伝統的工芸品である大館曲げわっぱ**がつくられています。

お寿司を食べに行くと、ご飯が入ったおけのようなものがあるのを見たことがありませんか？ 最近のすし屋は回転寿司ばかりで、おけなどは見ないかもしれませんが、お弁当箱でも有名ですね。

▲大館曲げわっぱの弁当箱　　（hed123/ピクスタ）

秋田県は、天然の秋田すぎの生産地として有名です。大館曲げわっぱは秋田すぎを材料として、木を薄くはいで、熱湯につけて柔らかくして曲げ加工を施していくのです。

東北の三大祭り、竿燈が行われる秋田市

県庁所在地の**秋田市**では、東北三大祭りの１つである**竿燈**が行われます。ちょうちんを掲げているのが特徴的ですが、どうしてちょうちんなのかというと、稲穂に見立てているからです。
「作物がきちんと収穫できますように」「豊作になりますように」ということを祈る祭りでもあるわけです。

▲豊作を祈る秋田の竿燈祭り　　（Kengo_mi/ピクスタ）

ちなみに、**東北三大祭りは、すべて８月に行われます。**

収穫の時期を迎える直前に、豊作を祈るという理由もありますし、田起こし、代かき、田植え…と、忙しかった農作業がひと息つける時期でもあるので、夏に行われるのでしょう。

稲作がさかんな秋田平野

秋田平野を流れるのは、**雄物川**です。南から流れてきます。

秋田平野では、稲作がさかんです。「**あきたこまち**」という銘柄は有名ですね。

近年、稲作は、**新潟**県１位、**北海道**２位、**秋田**県３位である年がほとんどです。秋田県は**オランダ**の技術を取り入れ、かつては琵琶湖に次ぐ日本第２位の広さだった**八郎潟**という湖を**干拓**することで耕地を広げてきました。

ところが、今度は米が余りすぎて困ってしまいました。そこで政府は減反政策を行って、米の生産量を減らそうとしたのです。

では、どうして米が余ってしまったのでしょうか？

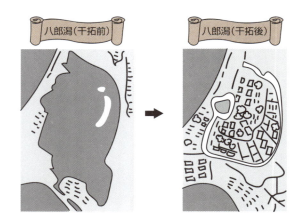

もともと日本人は米を主食にしてきましたが、**戦後少しずつ食生活が洋風化、多様化して米の消費量**が減ってきたのです。

そこで、米を余らせないように政府が行った減反政策には、2つの方法がありました。

1つは休耕です。簡単に言うと、**田んぼに何もつくらないようにした**のです。お休みをしている期間は、国が補助金を出していました。

もう1つは転作です。
「田を畑に変えて、別のものをつくりましょう。補助金は出しますよ」
という方法です。一度田を畑にすると、また田に戻すのは難しいので勇気が必要ですが、「米はこれ以上売れないだろうな」と思って、畑にした農家の人も少なくないそうです。

北緯と東経のものさし、大潟村

八郎潟にある大潟村は、**北緯40度、東経140度**を通っています。これは入試で頻出します。ちなみに北緯40度は他に北京、ニュー

ヨークと同緯度です。
　そして八郎潟があるのは**男鹿半島**です。**宮城**県の**牡鹿半島**と間違えないでくださいね。

　伝統行事の「男鹿のなまはげ」が無形文化遺産に認定されています。無形文化遺産と言えば、他にも和食や和紙などが認定されています。

秋田には、日本でもっとも深い湖があります。田沢湖です。
　田沢湖付近には、秋田新幹線が通っています。**盛岡駅**で東北新幹線と分かれて、秋田まで駅があります。新幹線の名前は、こまち号です。
　鉄道好きの人なら知っている、赤色の新幹線ですね。

無形文化遺産のなまはげ

145

南部鉄器やわかめが有名な岩手県

岩手県の豆知識

岩手県の遠野市と言えば、カッパのふるさとです。駅前の交番はカッパをモチーフにしたデザインになっています。市内のあるお寺では、敷地内の小川にきゅうりがぶら下げられていました。なかなかシャレがきいていますよね。遠野市は、他にも妖怪にまつわる観光スポットがたくさんあって、おもしろいところです。首都圏から電車で行くときは、新花巻駅で乗り換えします。もし花巻に行くことがあれば、宮沢賢治記念館にも立ち寄ってはいかがでしょうか。

奥羽山脈には地熱発電所がある

奥羽山脈沿いでは、ある発電が行われています。それは何発電でしょうか？

まさか火力や原子力と思った人はいないでしょう。火力や原子力は、原料の輸入に便利な臨海部にあります。

奥羽山脈沿いの発電と言えば、地熱発電です。

火山の蒸気を利用しての発電です。**岩手県の松川**に地熱発電所があるということを押さえておきましょう。ちなみに地熱発電は他にも大分県でさかんです。

平野が少ないので稲作より酪農がさかん

岩手県には平野が少ないので、稲作は東北地方の中ではあまり活発ではありません。東北地方の中では酪農がさかんです。乳用牛の飼育

頭数は、3位か4位です。ちなみに**1位は北海道**で、ずっと変わることがありません。

南部鉄器が有名な盛岡市

県庁所在地の**盛岡市は、わんこそばや冷麺で有名**です。入試に出やすいものとしては、**伝統的工芸品の南部鉄器**が挙げられます。

▲盛岡の南部鉄器　（rogue/ピクスタ）

ただ、なぜ岩手県は北のほうにあるのに「南部」なんだろうと、疑問に感じませんか？

これは、岩手県に住んでいた大名が南部という名前だったから、とのこと。それで南部鉄器なのですね。**北上川**の砂や、北上高地でとれた砂鉄を原料にしてつくられました。

南部鉄器だけど、岩手南部の工芸品じゃないよ

北上川は、岩手県から宮城県を流れる川で、東北新幹線に乗ると眺めることができます。仙台駅を出て北に向かうと
「おお、川があるぞ。（看板を見て）なるほど、これがあの北上川か」
　しばらく走るとまた川があります。
「また、川だ。えっと、今度は…また北上川だ」
　そしてまた数分すると、
「また川…。ひょっとして…。やっぱり北上川！」

どういうことかわかりますか？

　川は蛇行するものですが、新幹線はだいたいまっすぐ走りますよね。北上川の場合は、川と新幹線のルートが同じなので、何度も目にすることができるわけなのです。もし新幹線で岩手に行くことがあれば、ぜひ注目してみてください。

東日本大震災では津波の被害が多かった

　漁港についても触れておきましょう。青森県は八戸港が有名ですが、岩手にも釜石港、宮古港という港があります。**東日本大震災では津波で大きな被害を受けた場所**です。

　下の地図では、陸前高田までが岩手県、気仙沼は宮城県です。

わかめの養殖が行われている三陸海岸

岩手県は、わかめの養殖がさかんです。リアス海岸の三陸海岸は波がふだん穏やかだから、養殖に向いているのです。覚えておきましょう。

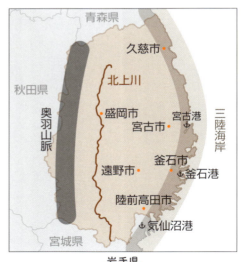

岩手県

「おうとう」や花笠まつりが有名な山形県

山形県の豆知識

山形県と言えば、おうとう（さくらんぼ）ですね。ただ、おうとうだけでなく、ラ・フランスの生産量も1位ですし、ぶどう、桃、メロンなどの生産も活発です。なぜこんなにフルーツ栽培がさかんなのかというと、それは気候のおかげです。夏はフェーン現象で暑くなり、冬はたくさん雪が降るので寒くなります。寒暖差が激しく厳しい気候が、おいしいフルーツを育てるのです。

米の積み出し港として栄えていた酒田市

　山形県を代表する庄内平野の中心都市は、酒田市です。歴史でも出てきますが、江戸時代に、米の積み出し港として栄えていた都市です。北前船を使って、蝦夷地や東北地方の特産品を、天下の台所と言われた大阪に送る際、酒田に寄っていました。

日本三大急流の最上川

　庄内平野を流れている川は三大急流の1つであり、松尾芭蕉も俳句にした最上川です。上流から、米沢盆地、山形盆地、新庄盆地、そして庄内平野を流れて日本海に注ぎます。上流から見ていきましょう。

まず**米沢盆地と言えば、肉牛で有名**です。米沢牛というブランド牛が育てられています。

そして**山形盆地**は**おうとう**が、**代表的な生産物**です。さくらんぼでもかまいません。**おうとうは山形県だけで全国の70％以上も生産**しています。では、ここで入試問題にチャレンジしてみましょう。

山形県

難関中学の過去問トライ！

さくらんぼは春から夏にかけて収穫される果物ですが、山形県のさくらんぼの生産高は、全国の7割以上をしめ、とても人気があります。山形県のある農家はインターネットを使ってさくらんぼを販売しています。この農家はさくらんぼを販売するうえで、どのような工夫をしているのでしょうか、表をよく見て説明しなさい。

表　さくらんぼの値段

全国の青果市場における値段の平均値（1kg）		1481円
山形県のある農家がインターネットを使って販売する値段（1kg）	紙製の箱にバラで入れたもの	6930円
	紙製の箱に手で並べて入れたもの	13860円
	木製の箱に手で並べて入れた限定品	39900円

（麻布中）

答えを読む前に考えてください。いいですか？
では、解答例を2つお答えしましょう。

解答例

- 箱の種類や箱詰めの方法を複数設けて多様なニーズに応え、利益を出すため。
- 贈答品用などになるよう高級感を出し、付加価値をつけて高い値で売るため。

2つの解答例に共通しているのは、**高い値で売るなどして利益を出す**という視点です。そこを外さなければ、不正解になることはありません。後は、残された字数で書けるだけのことを書きましょう。今回の問題は、**付加価値をつける**ことがテーマと思われます。**同じ商品でも、見栄えをよくすることで高級感を出し、高い値段で売ろうとしている**のです。だって贈り物だったら、きちんとした箱に手でそろえて入っているものがいいですよね。

ただ、同じ商品でも**さまざまなニーズに応える**という視点で書いても正解になるのではないかと思います。たとえば、牛丼の「すき家」がありますよね。CMを見ていると、同じ牛丼でもたくさんの種類があるのだなと思います。

ちょっと食べたい人からたくさん食べたい人にまで対応しており、肉だけ大盛にしてごはんは普通盛りにするなど、それぞれの好みに合わせて選べるようになっていますね。

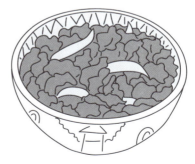

さまざまなニーズに応えている牛丼のメニュー

同じ牛丼でも、いろいろなニーズに応えて種類が豊富なように、さくらんぼもさまざまなニーズに応えて、箱や入れ方を変えているのですね。

伝統的工芸品の将棋駒で知られる天童市

山形盆地の中にある都市で覚えてほしいのは、県庁所在地の山形市を除くと、**天童市**です。**天童市は、伝統的工芸品である将棋駒の生産で知られています。**

新庄盆地には、山形新幹線の終着駅である新庄駅があります。山形新幹線の終着駅は山形駅ではありません。東北新幹線と福島で分かれて、米沢駅や山形駅などを通って、終点は新庄駅なのです。残念ながら酒田市までは通っていません。

伝統的工芸品である天童の将棋駒

山形県の祭りと言えば花笠まつり

山形県と言えば、**紅花の栽培もさかん**です。県の花にも指定されていて、**花笠まつり**の衣装には、紅花をあしらった花笠が欠かせません。美しいですよ。

▲紅花をあしらった衣装の花笠まつり

東北最大の仙台平野をもつ宮城県

宮城県の豆知識

宮城県の北部の気仙沼市は高級食材のフカヒレが有名ですが、フカヒレってどういうものか知っていますか？ フカヒレの正体は、サメのヒレです。フカヒレという名前の魚ではありません。三陸海岸に位置する気仙沼市は、古くから漁港として発展してきました。フカヒレの製造が始まったのは、江戸時代の終わり頃、今から150年以上前と言われています。古くからサメとのかかわりが深い気仙沼市ですが、地元の小学校の給食では、サメ肉を使ったメニューが出るそうですよ。

仙台市は東北唯一の政令指定都市

宮城県の県庁所在地は「杜の都」と呼ばれる仙台市です。

「もりのみやこ」と聞くと、「森」だと思いそうですが、「杜」です。「由緒ある森」という意味もあるそうですが、多くの植林が行われたことから「杜」という考え方のほうが中心となっています。

仙台市は東北地方で唯一の政令指定都市であり、百万都市でもあります。 かつては伊達政宗が治めた城下町です。牛タンやずんだもちでも有名であり、東北三大祭りの1つである七夕が行われる都市でもあります。

▲大規模に飾り付けされる仙台七夕祭り

これで東北三大祭りがすべて出てきましたね。
まとめておくと、次の3つです。

- **ねぶた**（青森市）
- **竿燈**（秋田市）
- **七夕**（仙台市）

東北最大の平野、仙台平野

仙台平野は東北地方最大の平野で、**北上川**と**阿武隈川**が流れています。稲作がさかんで、かつては「**ササニシキ**」が多くつくられていました。しかし、**いもち病**という稲に起こる病気にかかりやすいという欠点がありました。

1993年の**冷害**で大きな被害が出てからは、より寒さに強い「**ひとめぼれ**」の生産が増え、「ササニシキ」の生産は大幅に減りました。

宮城県

東北地方の太平洋側に吹く、**やませ**と呼ばれる冷たい風によって、宮城県では冷害が起こりやすくなっているので、**品種改良**をしてつくられた寒さに強い品種でないと、安定して植え付けができないのでしょう。

ちなみに**やませ**の影響は、**太平洋側**と限定されているのですが、な

ぜこの冷たい風は日本海側の地域には影響を及ぼさないのでしょうか？ ヒントは奥羽山脈です。

奥羽山脈がやませをさえぎってしまうからです。風は高いところに上ると温度が下がりますが、高いところから低いところに下るときは、上りで寒くなった分以上に暖かくなります。そのため、奥羽山脈を越えた風は暖かくなりやすいのです。

かつて日本の最高気温は山形市の 40.8℃ でした。
「どうして東北地方で 40℃ 以上も？」と思ってしまいそうですが、**フェーン現象**の影響がいかに強いかがわかりますよね。

東日本大震災で津波被害が発生した石巻港

宮城県で覚えてほしいことは、まだまだあります。
仙台湾に面した**石巻港**は、2011 年 3 月 11 日に起きた東日本大震災で津波による甚大な被害を受けました。岩手県に近い遠洋漁業の基地でもあり、フカヒレでも有名な気仙沼港も同じです。

日本三景の 1 つである松島

仙台湾に面している、日本三景の 1 つは松島です。『おくのほそ道』を書いた松尾芭蕉が、その美しさに感動したそうです。天気がいいと、海の向こうに広がる島々の美しさを感じられます。ここで有名な食べ物

▲日本三景の松島の風景　　（m.Taira/ピクスタ）

と言えば、**かき**。宮城県は**広島**県に次いで第**2位**の**養殖量**です。

最後に、伝統的工芸品を1つ覚えておきましょう。**鳴子**でつくられる**こけし**です。正式名称は宮城伝統こけしと言いますが、鳴子のこけしと覚えてしまうとよいでしょう。

▲宮城の伝統的工芸品、鳴子のこけし　　　　　（tarou/ピクスタ）

東北地方最大の猪苗代湖が有名な福島県

福島県の中央部には猪苗代湖があります。猪苗代と言えば、野口英世の出身地として有名です。以前、落語を聞きに行ったときに落語家が「野口英世のお母さんの名前はシカ。でも息子はシカ（歯科）ではなく医者」と話していたのですが、残念ながら、あまりウケていませんでした。

福島県は地域によって3つに分けられている

福島県は、地域によってかなり気候が異なっています。それで**浜通り**、**中通り**、**会津地方**の3つに分けられています。

福島県のテレビでは、当たり前のように「中通りは晴れ、浜通りは雨が

福島県

降るでしょう」とアナウンスされていますが、福島県に住んでいない人にとっては、「いったい何のことだろう」と思ってしまうでしょうね。

福島第一原子力発電所がある浜通り

　浜通りは、文字から想像できるように海沿いに位置しています。**太平洋側には福島第一原子力発電所があります。**福島原発は、東日本大震災によって放射性物質が拡散し、大きな被害が出てしまいました。

　除染作業が続けられていますが、原発付近に住んでいた人が自宅に帰ることの難しい地域もあります。浜通りにある南部のいわき市は、福島県の中でも人口が多い都市です。

郡山盆地・福島盆地のある中通り

　中通りでは、まず2つの盆地を押さえましょう。

　南が郡山盆地、北が福島盆地です。どちらにも**阿武隈川**が流れています。とくに福島盆地では、**桃**の生産がさかんです。

　福島県は、山梨県に次いで桃の生産量が多い地域なのです。

東北地方最大の湖・猪苗代湖のある会津地方

　会津地方は、文字通り内陸の**会津若松市**付近のことを指します。**東北地方最大の湖である猪苗代湖**もあり、ここから用水路を引いています。これを**安積疏水**と言います。郡山付近の荒地に水を通して農業ができるように、という意図でつくられました。

　福島県の人口は、震災後に大きく減少し、現在は200万人を下回っ

ています。地震や津波の被害とは異なり、目に見えないものを相手にしなければならず、また違った困難があるのでしょう。

東北地方はこれにて
終了です。お疲れさ
までした！

7章 北海道・沖縄県

　今回は北海道、沖縄県です。まず、北海道の南部にある日高山脈の位置を確認しましょう。余裕があれば北部の北見山地、天塩山地まで。

　日本は南北に長く、気候も文化も大きく異なります。1月の平均気温は札幌市だとマイナス5℃くらい、那覇市だと15℃以上と大きな差です。文化の違いも大きく、北海道にはアイヌ民族が先住民族として暮らし、独自の文化を築いていました。沖縄県には琉球王国があり、国際色豊かな文化が栄えました。いずれも、明治時代になって日本の領土となりました。

　では、ここで問題です。東京都にある羽田空港から結ぶ路線の中で利用者数の多い空港はどこでしょう？ よく「大阪にある伊丹空港」と答える生徒がいますが、違います。正解は北海道にある新千歳空港です。仕事でも観光でも北海道に行こうと思ったら、鉄道では時間がかかりすぎます。大阪府だと新幹線が移動しやすいのです。ちなみに2位は福岡空港、那覇空港や伊丹空港は3位以下となっています。

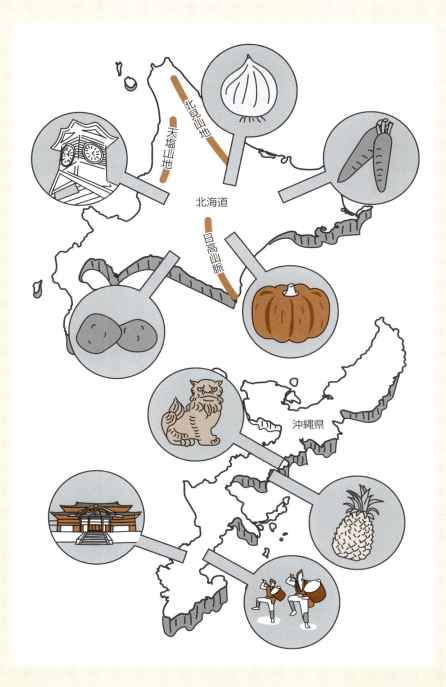

小麦の生産、乳牛・肉牛の飼育頭数が全国一の北海道

北海道の豆知識

「少年よ、大志を抱け」というセリフで有名なクラーク博士。「少女は？」と思ったら、じつは札幌農学校の女子校版も設立していました。ところが、生徒があまり集まることなく閉校。当時は、女性が教育を積極的に受ける時代ではなかったのです。そういった経緯もあって、「少年よ」という言葉になったのかもしれませんね。

百万都市であり、政令指定都市でもある札幌市

　道庁所在地の**札幌市**は、**百万**都市であり、**政令指定都市**です。「さっぽろ雪まつり」には毎年多くの人が訪れ、時計台も有名です。札幌農学校をつくったクラーク博士の像が置かれている北海道大学も、観光名所の1つになっています。

　昔、定期運航していた寝台列車「北斗星」号に乗ったことがありました。列車が北上し、宇都宮駅、仙台駅、盛岡駅、青森駅を経て**青函トンネル**を通って北海道に入ります。そして**函館**駅に停車し、一瞬列車の外に出たときの凍えるような寒さに、日本最北の都道府県であることを実感しました。

　終着点は札幌駅。札幌市を歩いて驚いたのは、道路が碁盤の目のようになっていることです。

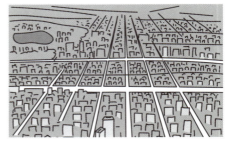

道路が碁盤の目のような札幌

それを見ると、計画的につくられた都市だということがわかります。

じつは、北海道の帯広市も同じようなつくりになっているのです。

札幌の家は、二重窓など気候に対応した工夫がある

なんと言っても、北海道の寒さはとても厳しいのが特徴です。札幌市の1月の平均気温はマイナス5℃。内陸部では、さらに気温が下がります。それでは、ここで入試問題に挑戦してみましょう。

難関中学の過去問トライ！

北海道では、気候に対応するために、家の窓や玄関にさまざまな工夫が取り入れられている。どのような工夫が取り入れられているかを説明しなさい。　　　　　　　　　　（学習院女子中）

ここでは2つのポイントがあります。

まず、**1つ目のポイントは、二重窓になっていたり、玄関の扉の前に玄関フードと呼ばれるガラスの小部屋があることです**。冷気が家に入ってこないようにしたり、雪や氷から家を守るようにしたりしているのですね。

そして、**2つ目のポイントは、雪から家を守るという点で玄関が高いところにつくられていることです**。これは、雪が積もっても出入りができるようにという工夫なのです。

> **解答例**
>
> **二重窓にして冷気が入ってこないようにしており、雪が降っても家に入ることができるように玄関が高いところにつくられている。**

同様の問題は、過去にも駒場東邦中学校などで出題されています。

五稜郭のある函館市

では、北海道の覚えるべき都市を説明していきましょう。

道庁所在地の札幌市については説明したので、南部の**函館市**を紹介しましょう。

函館市は、水産加工がさかんです。**戊辰戦争の最終決戦地である、五稜郭や夜景も有名**ですね。

▲函館の五稜郭　　　（小野真志/ピクスタ）

室蘭市は鉄鋼業、苫小牧市は製紙・パルプ業がさかん

鉄鋼業が発達しているのは**室蘭**市です。近くには2000年に噴火した**有珠山**や、**カルデラ湖**である**洞爺**湖があります。

2008年の北海道洞爺湖サミットもここで行われました。

さらに東に行くと、**製紙業・パルプ**業がさかんな**苫小牧**市があります。掘り込み港があることも押さえておきましょう。私が、東京から北海道の新千歳空港に着くときに外を見ていたら、

▲苫小牧の掘り込み港　　（空の家/ピクスタ）

苫小牧市の掘り込み港がくっきり見えたことに感動しました。

　地理を勉強してから飛行機に乗るようにすると、感動することがたくさんあるのでおすすめです。
「あっ、あの牛の形をしたのは小豆島だ」「志摩半島はリアス海岸だな」などと気づけるようになりますよ。

釧路湿原で有名な釧路市

　他に覚えてほしいのは**釧路市**です。**ラムサール**条約に登録されている**釧路湿原**があります。**ラムサール**条約とは、**渡り鳥**の中継地であり、**生物のすみかになる湿地を守ろう**というものです。

　ちなみに、なぜラムサールという名前なのか、知っていますか？

　イランにラムサールという都市があって、そこで結ばれた条約だからです。

▲ラムサール条約登録の釧路湿原
(HARU/ピクスタ)

　かつて釧路港は日本一の漁港でした。
　釧路港は、オホーツク海で行われる**北洋漁業**の中心地で、今も水揚げ高が高くなっています。
　北洋漁業という点では、宗谷岬がある北の**稚内市**も覚えておきましょう。天気がいいと、うっすらと樺太（サハリン）が見えます。

北海道は米の生産量が全国第2位

　では次に、農業を見ていきましょう。

札幌市は、石狩平野の中に含まれています。石狩平野はもともと泥炭地で稲作には向いていない土地だったのですが、いい土をよそから持ってくる客土を行うことで稲作をさかんにしました。

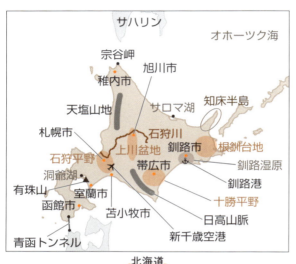

北海道は米の生産量2位であることが多く、ずっとトップ3に入っています。石狩川は、曲がりくねった蛇行が多い川として知られています。三日月湖もある石狩川の上流には、上川盆地があります。

このあたりの中心都市は旭川市です。有名な旭山動物園があるところです。上川盆地は、盆地であるにもかかわらず、稲作がさかんだということを覚えておきましょう。他県で稲作が有名な盆地として、琵琶湖に面した近江盆地があります。

北海道は乳牛・肉牛の飼育頭数が全国第1位

次に十勝平野です。中心都市は帯広市です。畑作や酪農で有名です。「酪農とは何のことか説明しなさい」という問題が出されたら、あなたは答えられますか？

酪農とは「**牛や羊などの家畜を飼い、牛乳や乳製品を生産する農業**」ということを覚えておきましょう。北海道は**乳牛の飼育頭数**も**肉牛の飼育頭数**も**1位**です。

　さて、ここで問題です。北海道は乳牛の飼育頭数が多いのですが、生乳生産量と比べると、飲用牛乳の生産量が多くありません。それはどうしてでしょうか？

　飲用牛乳が少ないということは、生乳をバター、チーズなどに加工しているということです。
　ですから正解は…**「大消費地まで輸送に時間がかかるため、消費期限が短い生乳ではなく、加工品が多くなっているから」**と言えます。

　もちろん北海道産の牛乳も売っていますが、人口が多い東京都を含む首都圏や大阪府は、北海道から遠いですよね。
　そこで、より新鮮さが求められる牛乳の場合、たとえば東京都なら、栃木県などの近くの県から仕入れるのです。2020年の女子学院中にも、このテーマが出題されました。

　他に十勝平野の酪農で覚えておいてほしい言葉は、**サイロ**です。これは牧草をたくわえておく倉庫のことです。現在では、刈り取った牧草を丸めて置いておく**ロールベールサイレージ**が増えています。

酪農の風景

酪農を発展させた根釧台地のパイロットファーム

　もう少し北東に行くと、**根釧台地**があります。**根室**と**釧路**から一文字ずつとって**根釧台地**です。青函トンネルや房総半島、京浜工業地帯や阪神工業地帯と同じく、２つ以上の地名や旧国名から一文字ずつとってつけられた名前ですね。

　根釧台地には、**パイロットファーム**と呼ばれる実験農場がつくられ、**酪農が発展した**ことを押さえておきましょう。
　濃霧が立ち込めるこの地域では、なかなか作物の生産は向きません。冬の寒さも厳しい地域です。そこで、ホルスタインという寒さに強い種類の乳牛を中心に酪農を行うことにしたのです。

北海道は、たまねぎ・にんじん・かぼちゃの生産量が日本一

　北海道の農業は、まだまだあります。たとえば、野菜。北海道では、次の野菜の生産量が日本一です。

- **たまねぎ**（**佐賀**県・**兵庫**県も多い）
- **にんじん**（**千葉**県・**徳島**県も多い）
- かぼちゃ

　このうち、たまねぎ、にんじんは「シチューに入っているもの」と覚えると記憶しやすいですよ。
　乳牛の飼育頭数も１位ですし、

生産量１位のたまねぎ、にんじんは、「シチューに入っているもの」と覚えよう！

じゃがいもの生産量も全国1位です。「地理は苦手だし、統計なんて無理！」と言う人でも、「北海道はシチュー」とだけは覚えておいてください。役に立つかもしれませんよ。

ちなみに、入試にはめったに出ないと思いますが、ブロッコリーやスイートコーンも1位です。これもシチューに入れたりしますよね。

また、メロンは茨城県などに次いで全国有数です。とくに夕張メロンが有名です。

北海道の生産量		
	たまねぎ	1位
	にんじん	1位
	かぼちゃ	1位
	じゃがいも	1位
	ブロッコリー	1位
	スイートコーン	1位
	小麦	1位
	大豆	1位
	てんさい	1位

北海道は小麦・大豆の生産量が全国1位

次は穀物です。米は近年、2位の年がほとんどですが、小麦・大豆はどちらもずっと1位です。

先ほども触れましたが、いも類、じゃがいもも全国1位です。本当にいろいろなものが、北海道でつくられているのです。

工芸作物のてんさいも1位です。さとうだいこんとも呼ばれるように、砂糖の原料です。これも北海道で生産されています。

これだけ畑作が活発な北海道。その理由には、乾燥した気候もありますが、なんと言っても土地が広いからでしょう。

畑作にあたっては、連作障害が起こらないように、輪作という、年によって栽培する作物を変える工夫をしています。

サロマ湖のほたて貝、世界自然遺産の知床も有名

　水産業については、**サロマ湖**では**ほたて貝**の養殖が多い、ということを覚えておきましょう。

　サロマ湖の東には、**知床**があります。**世界自然遺産**に登録されていますね。このあたりでは**流氷**を見ることもできます。

　山地、山脈で覚えてほしいのは、**日高山脈**です。
　他にも余裕があれば**天塩山地**まで確認をしておきましょう。

日本の最北端、北方領土

　北方領土についても触れておきます。日本の最北端は**択捉島**です。択捉島、**国後島**、**色丹島**、**歯舞群島**からなる**北方領土**は、日本の領土であるにもかかわらず、実質的にロシアが支配しています。

北方領土の4つの島

　これは、太平洋戦争末期、ソ連が日ソ中立条約を破って参戦し、北方領土を奪ってしまったからです。
　日本は北方領土の返還を求めていますが、解決にはまだまだ時間がかかりそうです。

さとうきびやパイナップルの生産で有名な沖縄県

沖縄県の豆知識

沖縄県のホテルは、夏になると宿泊費が高くなります。サンゴ礁が広がるきれいな海で泳ぐこともできる時期は、観光客もたくさん訪れます。だからこそ、値段も高く設定されているのです。ただ、この時期に怖いのは台風です。「せっかく旅行に行ったのに、台風が直撃して海で泳げなかった…」と悲しい思いをする人が毎年必ずいますね。もし海で泳げなかったら、ゴーヤーチャンプルーに海ぶどうといったおいしい沖縄料理を楽しんで、気をまぎらわせましょう。

世界遺産に登録された首里城が有名

　沖縄県の県庁所在地は那覇市です。世界遺産に登録されている首里城があります。2019年には火災で多くが焼失してしまい、再建には長い時間がかかりそうです。
　首里城は、15世紀に成立した琉球王国の政治・経済・文化の中心地でした。琉球王国は、日本や中国、東南アジアなどとの交易を行って栄えた国です。いろいろなものが琉球王国に集まり、売り買いされていました。
　この首里城にある守礼門は、日本のお札に載っています。何円札に載っているでしょうか？ 正解は二千円札です。お札は千円札と五千円札と一万円札だけだと思っている

▲沖縄・首里城の守礼門　　（y.uemura/ピクスタ）

人も多いかもしれませんね。2000年に、二千円札がつくられました。実際にはあまり流通しませんでしたが、当時はニュースになりました。

太平洋戦争で地上戦が行われた沖縄県

首里城は太平洋戦争で破壊されてしまったので、多くは再建されたものです。**1941**年に始まった**太平洋**戦争は、当初は真珠湾攻撃やマレー半島上陸などで日本側が勝利していましたが、1942年にミッドウェー海戦で敗れてからは、日本側の負けが続きます。

その後、1944年にサイパン島が陥落してからは、空襲を受けるようになります。翌1945年4月には、沖縄島でアメリカ軍との本格的な戦闘が始まり、この戦争で沖縄県民の4人に1人が亡くなりました。

女学生の看護部隊であった「**ひめゆり部隊**」にも、戦争に巻きこまれて亡くなった人が多くいました。私自身、ひめゆりの塔を訪れたとき、生き残った部隊の方に直接話を聞くことができました。戦争の悲惨さは、文字だけでは伝わらないものです。

太平洋戦争で沖縄県民の4人に1人が亡くなったんだ…

沖縄県が日本に返還されたのは1972年

戦後、沖縄県はアメリカ軍の統治下にありました。小笠原諸島(東京都)が日本に返還されたのは1968年。**沖縄**が日本に返還されたのは**1972**年のことです。

それでも沖縄県には米軍基地が残され、現在も、日本全国の米軍基地の多くが沖縄県に集中しています。とくに**市街地に隣接している宜野湾市の普天間飛行場は、騒音による公害が深刻で、航空機の墜落の危険性もある**ということで移設が目指されています。

沖縄県

　沖縄県民の思いは、県外や国外への移設が中心だと思います。ただ、米軍の飛行場を県外や国外に移すことは、アメリカ側が認めないこともあり、今のところは名護市の辺野古沖への移設が濃厚となっています。しかし、反対運動も以前から根強く続いています。

沖縄県は稲作には向かない地

　沖縄県の農業についても見ていきましょう。
　まず、**沖縄県では稲作があまり行われていません。**その理由を問う入試問題に挑戦してみましょう。

> ### 難関中学の過去問トライ！
> 沖縄県は温暖で、降水量が多いにもかかわらず、稲の栽培があまりさかんではありません。その理由を、沖縄県の自然環境から考えて説明しなさい。
> （駒場東邦中）

「沖縄県は暑いから」では不正解です。もともと稲は**熱帯性**の作物、

173

暖かい地域でつくられます。日本が**米を輸入しているタイ**は、かなり暑い国ですよね。日本は**品種改良**を重ねて、寒い地域でも栽培できるようにしたのです。

さて、稲作がさかんではない理由は2つあります。
1. **大きくて長い川がない**
2. **島の土が水を通しやすい**

沖縄県の島は**サンゴ礁**からできているところも多く、島の土は水を通しやすくなっています。

👆 **解答例**

沖縄県には大きな川がなく、島の土も水を通しやすいので、稲作に向いていないから。

この問題は、入試で頻出します。桜蔭でも類題が出されているので覚えておきましょう。

沖縄県は降水量が多くても、水不足になりやすい

台風の通り道になる沖縄県は**降水量**が多いのですが、**水不足**になりやすいという問題があります。マンションには、給水タンクが取りつけられているところが多く見られます。

台風が来るため、家は低くつくられていることが多く、石垣で囲まれた昔ながらの家も見られます。石垣は風よけなのですね。

そう言えば、沖縄県の家の屋根や玄関には、シーサーが魔除けとし

て置かれていることがありますよね。お土産で買ったという人もいるかもしれません。

昔の人にとって、台風は魔物のようなものです。ですから、台風から家を守るという意味でも、シーサーが置かれているのです。

魔除けのシーサー

暖かい気候を生かした作物をつくる沖縄県

さて、話を戻しましょう。稲作には向いていない沖縄県では、実際にどんな作物をつくっているのでしょうか。

沖縄県では、もともと暖かいことを生かしてさとうきびやパイナップルの生産を活発に行ってきました。

沖縄の作物

工芸作物であるさとうきびは、沖縄県でもっとも多くつくられていますが、重労働であること、安い砂糖が外国から輸入されてきていることもあって、生産が減ってきています。

パイナップルも、やはり外国から安いものが入ってくるため、生産量が減っています。近年は、マンゴーの生産でも知られるようになってきました。

他には、暖かい気候を利用して菊が栽培されており、**飛行機で全国各地へ出荷される菊の生産量が多い**ことを押さえておきましょう。

175

日本の最西端・与那国島は沖縄県にある

日本最西端は**与那国島**です。ちなみに、最東端は**南鳥島（東京都）**、最南端は**沖ノ鳥島（東京都）**です。最南端の沖ノ鳥島は沖縄県ではないので注意しましょう。

沖ノ鳥島は沈んでしまうと日本の**排他的経済水域**（経済的な主権がおよぶ水域のことで、水産資源や地下資源を沿岸国が優先的にとることのできる水域）が大幅に減ってしまうということで、コンクリートで補強されていますよね。

日本の最西端・最東端・最南端

沖縄県はエイサーが有名

最後に、祭りや伝統芸能を取り上げておきます。

エイサーとは、盆踊りにあたるものです。**ハーリー**とは毎年ゴールデンウイークに行われる行事で、漁の安全や豊漁を祈るものです。

これで、北海道と沖縄県も終わりです。

以上で、47都道府県すべて終了となります。

『合格する地理の授業
47都道府県編』
お疲れさまでした！

索引

あ行

愛知県	97, 99
愛知用水	103
会津地方	156, 157
会津若松市	157
アウシュビッツ強制収容所	46
青森県	43, 110, 138
青森市	138, 154
赤石山脈	84
明石海峡大橋	67
明石市	66
阿賀野川	94
秋田県	50, 141, 142
秋田市	143, 154
秋田すぎ	79, 142
秋田平野	143
秋吉台	38
英虞湾	77
麻織物	97
安積疎水	103, 157
旭川市	166
浅間山	111, 133
足尾銅山鉱毒事件	130
足摺岬	56
阿蘇山	10, 26
渥美半島	100, 102
阿武隈川	154, 157
阿武隈高地	136
天橋立	45, 69
奄美大島	35
アメリカ	52
荒川	117, 129
有明海	16, 18, 50
有田川	81
有田町	17
有田焼	17
阿波踊り	58
淡路島	67
安房国	120
暗きょ排水	95
いか	138
イギリス	67, 82
いぐさ	28, 134

生野銀山	65
石狩川	166
石狩平野	92, 166
石川県	40, 87
石巻港	155
泉大津市	63
泉佐野市	63
出雲大社	40
出雲平野	40
伊勢崎市	133
伊勢神宮	75, 77
イタイイタイ病	91
伊丹空港	63
いちご	16, 131
市原市	122
厳島神社	45, 68
糸魚川―静岡構造線	96
糸魚川市	96
糸魚川ジオパーク	96
伊藤博文	39
稲作	16, 31, 99, 143, 173
猪苗代湖	157
いの町	55
茨城県	125, 169
茨木市	64
揖斐川	98
今治市	47, 57
伊万里市	17
いもち病	154
岩木川	139
いわき市	157
岩国市	39
岩手県	146
石見銀山	41
印刷業	114
鵜飼	98
宇治川	64
宇治市	71
有珠山	22, 164
うずしお	58
宇都宮市	131
うなぎ	34, 102, 108
宇部市	38
梅	81, 124

宇和海	57
雲仙普賢岳	21
エイサー	176
越後山脈	95, 112
越後平野	94
越前ガニ	87
越前和紙	87
越中富山の薬売り	90
江戸川	116
択捉島	170
愛媛県	25, 47, 56
塩田	52
奥羽山脈	25, 136, 146, 155
おうとう	150
近江盆地	73
大井川	108
大分県	23, 25, 117
大分市	24, 117
大阪市	62, 100
大阪府	60, 62
大阪平野	30
オーストラリア	12, 13
大隅半島	31
太田川	46
太田市	132
大館曲げわっぱ	142
オートバイ	107, 108
大鳴門橋	58
大間港	140
大村湾	21
大淀川	30, 55
男鹿半島	145
岡谷市	109
岡山県	25, 48, 50, 117
沖合漁業	124
沖縄県	160, 171
沖ノ鳥島	176
牡鹿半島	145
小千谷ちぢみ	97
小田原市	118
尾道―今治ルート	47, 50
尾道市	47, 57
帯広市	164
オホーツク海	165

御前崎市	108	
雄物川	143	
オランダ	22, 143	
オリーブ	53	
尾鷲ひのき	78	

か行

偕楽園	50, 89, 126
化学工業	30, 122
加賀友禅	89
香川県	51, 103
香川用水	52, 103
かき	45, 156
鹿児島県	31, 35, 108
橿原市	74
鹿島港	127
鹿嶋市	125
鹿島臨海工業地域	125
柏崎市	95
上総国	120
霞ヶ浦	127
過疎	42, 112
かつお	33, 56, 107
楽器	108
合掌造り	93
勝沼	105
門真市	63
カドミウム	91
神奈川県	117, 122
金沢市	50, 89
カナダ	52
釜石港	148
釜石市	148
かまぼこ	119
神栖市	125
カメラ	109
唐津市	17
樺太	165
軽井沢町	111, 133
カルスト地形	13, 38
カルデラ	26
カルデラ湖	141, 164
川崎市	25, 49, 117, 122

関西国際空港	63
干拓	50, 143
苅田町	15
竿燈	143, 154
関東山地	112
関東地方	112
関東内陸工業地域	132
かんぴょう	131
関門海峡	12
紀伊山地	60, 75, 78, 81
生糸	110
紀伊半島	82
喜入	33
企業城下町	30, 64, 99, 108, 132
木更津市	122
汽水湖	41
季節風	36, 78
木曽川	98, 103
木曽三川	98
木曽山脈	84
北上川	147, 154
北上高地	136, 147
北九州市	12, 20
北見山地	160
絹織物	71, 97, 133
鬼怒川	130
紀の川	81
宜野湾市	173
岐阜県	91, 93, 97
岐阜市	97
君津市	122
客土	92, 166
キャベツ	102, 134
旧グリニッジ天文台	67
九州地方	10
九州山地	10
きゅうり	29
京都市	70
京都府	45, 64, 69
京友禅	71
清水寺	71
清水焼	71
霧島市	33
キリスト教	35

桐生市	133
金閣	60, 70
銀閣	60, 71
近畿地方	60, 76, 79
金魚	74
近郊農業	66, 119, 121, 127
錦帯橋	39
久慈市	148
串本町	82
九十九里浜	121
釧路市	165
釧路湿原	165
九頭竜川	86
九谷焼	89
国後島	170
国東半島	26, 88
球磨川	28
熊野川(新宮川)	81
熊野筆	48
熊本県	18, 26, 88
倉敷市	25, 48, 117
クリーク	16
久留米がすり	15
久留米市	14
呉市	47, 118
黒部川	92
群馬県	111, 112, 131, 133
京浜工業地帯	115, 117
気仙沼市	153
玄界灘	15, 18
原子爆弾	46
原子力発電所	86, 95, 126, 157
原爆ドーム	45
兼六園	50, 89
甲賀市	73
こうぞ	55, 134
高知県	36, 54
高知平野	30, 54
甲府市	104
甲府盆地	104
神戸─鳴門ルート	50
神戸空港	68
神戸市	68
後楽園	49, 89

高冷地農業	133	
コークス	13	
郡山盆地	157	
五箇山	93	
こけし	156	
児島ー坂出ルート	50	
児島湾	50	
五島列島	21	
ゴム	15	
小麦	16, 52, 169	
根釧台地	168	
こんにゃくいも	134	

さ 行

埼玉県	117, 128
さいたま市	128
サイロ	167
堺市	62
坂出市	53
境港	42
境港市	42
佐賀県	17, 168
佐賀市	18
酒田市	149
相模川	118
相模国	121
相模原市	118
桜島	10, 31
ササニシキ	154
佐世保市	19, 20, 118
佐田岬	25, 57
札幌市	162
さつまいも	32
薩摩半島	31
さとうきび	134, 175
佐渡島	95
佐渡金山	96
讃岐うどん	51
讃岐山脈	51
讃岐平野	51
鯖江市	86
狭山市	129
サロマ湖	141, 170

山陰地方	42
三角州	46, 104
サンゴ礁	174
三条市	95
三陸海岸	148, 153
シーサー	174
潮岬	82
滋賀県	64, 72
信楽焼	73
四国山地	36, 51
四国地方	36
色丹島	170
しじみ	40
静岡県	88, 105, 106
静岡市	107
漆器	87
自動車工業	99, 118
信濃川	94, 124
島根県	40, 42
島原半島	21
志摩半島	77
四万十川	55
清水港	107
下総国	120
下北半島	139, 141
下仁田町	134
下関市	38
じゃがいも	169
集積回路	27, 124
周南市	38
首里城	171
松下村塾	39
将棋駒	152
小豆島	53
庄内平野	149
しょうゆ	124
白神山地	141
白川郷	93
シラス	31
シリコンアイランド	27
知床半島	170
新宮市	81
宍道湖	40
真珠	21, 57, 77

新庄盆地	149
神通川	91
振動	63
水郷地帯	127
水質汚濁	73, 91
水田単作地帯	90
水力発電	92
鈴鹿山脈	60
鈴鹿市	76
砂浜海岸	121, 125
スプリンクラー	43
駿河湾	106
諏訪湖	108, 109
諏訪市	109
青函トンネル	139, 162
製材業	81
製紙・パルプ業	106, 164
清酒	68
製薬業	90
政令指定都市	12, 46, 62, 94, 107, 118, 153, 162
世界遺産	12, 22, 34, 41, 45, 65, 71, 93, 130, 141, 171
世界ジオパーク	21, 27, 96
世界農業遺産	27, 88
世界文化遺産	133
関所	119
石油化学工業	24, 38, 49, 76, 117, 122
石油備蓄基地	33
瀬田川	64
石灰石	13, 38
瀬戸内工業地域	52, 122
瀬戸内しまなみ海道	47
瀬戸市	97, 103
瀬戸内海	36
セメント業	38, 129
善光寺	110
扇状地	104
仙台市	153
仙台平野	154
潜伏キリシタン	22
騒音	63
造船業	68, 118

宗谷岬	165
促成栽培	29, 54

た行

大気汚染	76
太地町	82
大豆	169
大山	42
大東市	64
台風	174
大仏	74
太平洋戦争	172
平清盛	45, 68
タオル	57
高石市	63
高岡市	93
高崎市	133
高杉晋作	39
高槻市	64
高梁川	49
田沢湖	145
多治見市	97
たたみ表	28
田中正造	130
七夕	153, 154
種子島	34
多摩川	116
多摩地区	115
たまねぎ	66, 168
ため池	51
丹後半島	69
単作	40
単作地帯	90
だんだん畑	56
丹波高地	70
暖流	23
筑後川	16
筑豊炭田	13
知多半島	100
秩父盆地	117
地熱発電	25, 146
千葉県	120, 168
千葉市	121

茶	32, 107, 129
中京工業地帯	62, 76
中国山地	36, 51
中国地方	36
中部国際空港	101
中部地方	84
チューリップ	93
銚子港	124
銚子市	124
チリ	93
津軽海峡	139, 140
津軽半島	138
津軽ひば	141
筑紫山地	10
筑紫平野	16
津市	76
対馬	23
対馬海流	23
津波	148
燕市	95
嬬恋村	133
泥炭地	166
天塩山地	160, 170
出島	22
鉄鋼業	24, 47, 49, 100, 117, 122, 125, 164
鉄砲	34
出羽山地	136
天下の台所	62
電気機器	64, 126, 133
てんさい	134, 169
電照菊	101
天神崎	82
天童市	152
天竜川	108
東海市	100
東海地方	84
東海村	126
銅器	93
東京スカイツリー	114
東京タワー	114
東京都	114, 128
東京湾アクアライン	122
道後温泉	56

陶磁器	17, 98, 103
東大寺	74
東北地方	136
洞爺湖	22, 164
十日町がすり	97
ドーナツ化現象	115
遠野市	146
十勝平野	166
トキ	88, 95
徳川家康	130
徳島県	57, 88, 168
徳島平野	52, 58
徳之島	35
時計	109
常滑市	101
土佐清水港	55
土佐和紙	55
土佐湾	55
土壌汚染	91
鳥栖市	18
とちおとめ	131
栃木県	129
都庁	114
鳥取県	41
鳥取砂丘	43
砺波平野	93
利根川	124
苫小牧市	164
トマト	28
富岡製糸場	133
富山県	84, 90
富山市	90
富山湾	93
豊川用水	103
豊田市	99
豊橋市	100
十和田湖	141

な行

長崎県	18, 19
長崎市	19, 20, 118
中通り	156
長野県	84, 109, 133

長野市	110	
長野盆地	109	
長良川	88, 98	
名護市	173	
名古屋市	100	
ナショナル・トラスト	82	
なす	54	
那覇市	171	
奈良県	74	
成田国際空港	124	
鳴子	156	
鳴門市	58	
南部鉄器	147	
新潟県	84, 94	
新潟市	94	
新潟水俣病	94	
二期作	54	
肉用牛	32	
肉用若鶏	29, 32	
二酸化硫黄	76	
西陣織	71	
日光東照宮	130	
日本アルプス	84	
日本三景	45, 69, 155	
日本なし	121	
二毛作	16, 28	
乳牛	167	
仁淀川	30, 55	
にんじん	168	
ねぎ	121	
根室市	170	
濃尾平野	99	
能代平野	142	
野田市	124	
能登半島	87, 88	
延岡市	30	
野辺山原	133	
のり	18	

は行

ハーリー	176	
排他的経済水域	176	
パイナップル	175	
パイロットファーム	168	
博多駅	14	
萩市	39	
萩焼	39	
はくさい	127	
函館駅	162	
函館市	164	
箱根町	119	
八戸市	138	
八郎潟	143, 144	
八丁原地熱発電所	25	
花笠まつり	152	
羽田空港	116	
歯舞群島	170	
浜松市	108	
浜通り	156	
浜名湖	108	
刃物	95	
早場米	127	
播磨平野	66	
晴海	116	
阪神工業地帯	62	
ピーマン	29, 127	
東大阪市	64	
ビキニ環礁	46	
備前焼	50	
日高山脈	160, 170	
飛騨山脈	84, 92	
日立市	126	
ひとめぼれ	154	
ビニールハウス	29, 54	
氷見市	90	
姫路市	65	
姫路城	65	
ひめゆり部隊	172	
百万都市	46, 162	
日向灘	30	
兵庫県	62, 64, 168	
標準子午線	66	
平等院鳳凰堂	72	
弘前市	139	
広島県	44, 156	
びわ	22	
琵琶湖	72, 127, 143	

品種改良	174	
フェーン現象	98, 155	
フォッサマグナ	96	
福井県	84, 86	
福岡県	12, 18	
福岡市	14	
福島県	156	
福島第一原子力発電所	157	
福島盆地	157	
富士川	28, 105	
富士山	105	
富士市	106	
富士宮市	106	
豚	29, 32	
府中町	46	
普天間飛行場	173	
ぶどう	104, 110	
ぶな	141	
ブラジル人	108, 132	
豊後水道	25, 57	
ベッドタウン	128	
別府市	24	
紅花	152	
辺野古沖	173	
伯耆富士	42	
防砂林	43	
房総半島	120	
防府市	38	
放牧	26	
ほうれんそう	121	
ポートアイランド	68	
北洋漁業	165	
北陸新幹線	89, 111	
北陸地方	84	
ほたて貝	141, 170	
北海道	147, 160	
北方領土	170	
掘り込み港	125, 164	
ポルトガル人	34	
本初子午線	67	

ま行

前橋市	133	

牧之原(牧ノ原)台地	107	
枕崎市	33	
益子町	131	
益子焼	131	
マスカット	49	
町おこし	42	
松江市	41	
松尾芭蕉	149, 155	
松川	146	
松阪市	76	
松島	45, 155	
松本市	110	
松山市	57	
丸亀市	53	
三浦半島	119	
三重県	75	
三河湾	102	
みかん	56, 81	
御木本幸吉	77	
三崎港	119	
水島地区	25, 49, 117	
みつまた	55, 134	
水戸市	126	
水俣市	27	
水俣病	27, 94	
南鳥島	176	
宮城県	88, 145, 153	
宮古港	148	
宮古市	148	
宮崎県	29, 32, 55, 88	
宮崎平野	30	
宮島	45	
宮之浦岳	10, 34	
宮若市	15	
陸奥湾	141	
室戸岬	56	
室蘭市	164	
明治用水	103	
メガネのフレーム	86	
メロン	127, 169	
綿織物	63	
最上川	28, 149	
桃	49, 104, 157	
盛岡駅	145	

杜の都	153
門前町	110

や行

焼津港	107
屋久島	34
屋久杉	34
八代海(不知火海)	28
八代平野	28
八幡製鉄所	12, 122
山形県	149
山形盆地	150
山口県	13, 38
やませ	154
大和郡山市	74
山梨県	84, 104, 110
有機水銀	94
雪解け水	92
由布市(湯布院)	24
よう業	103
洋食器	95
横須賀市	118
横浜市	118
吉田松陰	39
吉野ヶ里遺跡	18
吉野川	52, 58
吉野すぎ	75, 79
四日市市	76
四日市市ぜんそく	76
淀川	30, 55, 64
与那国島	176
米沢盆地	149
米代川	142
与論島	35

ら行

酪農	146, 166
らっかせい	121
らっきょう	43
ラムサール条約	73, 165
リアス海岸	23, 25, 86, 148
陸前高田市	148

琉球王国	160, 171
流水客土	92
流氷	170
りんご	110, 138
輪作	169
冷害	154
連作障害	169
ロールベールサイレージ	167
六ヶ所村	139
六甲アイランド	68
六甲山	64

わ行

若狭湾	86
わかめ	148
和歌山県	75, 80, 88
輪島市	87
輪島塗	87
輪中	99
渡良瀬川	130
渡り鳥	165
稚内市	165

松本亘正（まつもと・ひろまさ）

中学受験専門塾ジーニアス運営会社代表。ラ・サール中学高校を卒業後、慶應義塾大学在学中に中学受験専門塾ジーニアスを開校し、運営会社の代表に就任。現在は提携塾を含め、東京・神奈川の6地区に校舎がある。「伸びない子はひとりもいない」をモットーに少人数制で家族のように一人ひとりに寄り添う指導を徹底。開成、麻布、駒場東邦、桜蔭、女子学院、武蔵、筑波大附属駒場、慶応中等部、早稲田実業、渋谷教育学園渋谷、栄光学園、聖光学院、浅野、ラ・サールなど毎年超難関校に合格者を輩出している。生徒は口コミと紹介だけで9割を超え、募集時には毎年満席になる。これまでののべ指導人数は2000名以上。ジーニアスは約60％超の高い合格率を誇り、中学受験だけでなく、高校・大学受験時、就職試験時、社会人になっても活きる勉強の仕方や考える力の育成などに、多くの支持が集まっている。また、100万人以上が視聴している家庭教師のトライの映像授業「Try IT」の社会科を担当。高校受験生からの支持も厚い。おもな著書に、『合格する歴史の授業 上・下巻』（弊社）、『合格する親子のすごい勉強』（かんき出版）がある。

中学受験 「だから、そうなのか！」とガツンとわかる
合格する地理の授業 47都道府県編

2020年 4月30日　初版第 1 刷発行
2020年12月20日　初版第 3 刷発行

著　者　松本亘正
発行者　小山隆之
発行所　株式会社 実務教育出版

　　　　〒163-8671　東京都新宿区新宿1-1-12
　　　　電話　03-3355-1812（編集）　03-3355-1951（販売）
　　　　振替　00160-0-78270

印刷／株式会社文化カラー印刷　　製本／東京美術紙工協業組合

©Hiromasa Matsumoto 2020　Printed in Japan
ISBN978-4-7889-1965-5　C6021
本書の無断転載・無断複製（コピー）を禁じます。
乱丁・落丁本は本社にておとりかえいたします。